KB181677

개발자를 위한
글쓰기 가이드

예제로 배우는 테크니컬 라이팅 핵심 비법

유영경 지음

개발자를 위한 글쓰기 가이드 – 예제로 배우는 테크니컬 라이팅 핵심 비법

지은이 유영경 **2쇄 발행일** 2024년 7월 5일 **1판 1쇄 발행일** 2021년 2월 26일
펴낸이 임성춘 **펴낸곳** 로드북 **편집** 조서희 **디자인** 이호용(표지), 심용희(본문)
주소 서울시 동작구 동작대로 11길 96–5 401호
출판 등록 제 25100–2017–000015호(2011년 3월 22일) **전화** 02)874–7883 **팩스** 02)6280–6901
정가 16,000원 **ISBN** 978–89–97924–80–6 93000

이메일 chief@roadbook.co.kr **블로그** www.roadbook.co.kr

개발자라면 글을 쓸 일이 많지 않다고 생각하기 쉽습니다. 하지만 현실은, 메일은 기본이고 프로젝트 기획서, 상세 기능 설계서, UI 설계서, 출시 보고서, API 레퍼런스, 운영자 가이드, 사용자 가이드 등 갖가지 문서를 써야 합니다. 업무가 잘 분담된 회사라면 기획서는 기획자가, 설계서는 스펙 라이터가, 가이드는 테크니컬 라이터가 나눠 쓸 수 있겠지요. 하지만 많은 IT 회사에서는 개발자가 직접 다양한 개발 산출 문서를 써야 합니다.

운동선수나 예술가처럼 글도 타고난 재능이 있어야 잘 쓸 수 있다고 생각할 수 있습니다. 소설, 수필 등 창작 문서를 써야 한다면 그럴 수도 있겠지요. 하지만 다행히 개발자가 업무상 써야 하는 글은(기술 문서) 글 쓰는 방법을 배우면 누구나 잘 쓸 수 있습니다.

기술 문서를 잘 쓰려면 일정한 형식을 갖춰 사실을 쉽게 전달하는 방법을 익혀야 합니다. 그리고 무엇보다 중요한 것은 꾸준히 글 쓰는 연습을 해야 한다는 것입니다. 연습을 할 때는 점 목록으로 된 단문 형태가 아니라 주어와 술어가 있는 완전한 문장으로 연습하는 것이 도움이 됩니다.

이 책에서는 독자가 쉽게 이해할 수 있고 도움을 줄 수 있는 글을 쓰려면 알아야 할 몇 가지 기본 원칙을 사례와 함께 살펴보겠습니다.

누구를 위한 책인가

이 책은 업무상 글을 써야 하는 사람들, 특히 개발자를 대상으로 작성했습니다. 이제 막 입사해 개발만 하면 되나 했더니 사용자 가이드까지 써야 한다고 해서 막막한 개발자도 있을 테고, 경력이 10년이 넘었지만 아직도 글쓰기라면 미뤄 두고 싶은 개발자도 있을 겁니다.

몇 년간 다양한 기술 문서를 쓰다 보니 이제 글도 잘 쓰고 심지어 글쓰기가 재미있는 개발자도 드물게는 있을 거고요.

신입이든 경력자든 상관없이 이 책은 업무에 필요한 다양한 실용 문서를 쓸 때 유의해야 할 점을 다루고 있습니다. 글을 꼭 써야 하는데 어떻게 써야 할지 막막한 분, 글을 쓴 지는 꽤 됐지만 조직장이나 동료에게 무슨 얘기인지 모르겠다는 얘기를 듣는 분, 글 쓰는 데 재미를 붙였지만 체계적으로 정리된 가이드는 접해보지 못한 분 등, 글쓰기에 관심 있는 분이라면 누구든 독자가 될 수 있습니다.

이 책의 구성

이 책은 총 3부로 구성했습니다. 각 부(part)에는 장(chapter)과 절이 있는데, 각 절은 핵심 내용과 예시를 한두 페이지로 구성해 필요한 부분만 그때그때 쉽게 참고할 수 있게 했습니다.

1부에서는 테크니컬 라이팅과 기술 문서가 무엇이고, 글을 쓸 때 먼저 고려해야 할 점이 무엇인지 알아봅니다.

2부에서는 기술 문서를 쓸 때 일반적으로 지켜야 할 테크니컬 라이팅 원칙을 사례와 함께 살펴봅니다.

3부에서는 메일, 회의록, 확인 메시지, 장애 공지문, 사용자 가이드 등 문서 유형에 따라 고려해야 할 작성 원칙을 살펴봅니다.

사용한 예문은 20년 이상 테크니컬 라이터로 일하면서 쌓아온 다양한 사례를 참고해 변형한 것입니다. 주 독자를 개발자로 삼은 책이라 예문에서 사용한 IT 용어 풀이는 따로 하지 않았습니다.

제시된 예시에 등장하는 이름과 회사명은 모두 가상입니다. 우연히 같은 이름의 사람과 회사가 있을 수 있지만, 전혀 의도한 것이 아니며 모두 가상의 인물과 회사임을 알려드립니다.

책이 나올 수 있게 발판을 마련해 주신 두기 님, 끝을 볼 수 있게 꼼꼼하게 이끌어 주신 조서희 편집자님, 좋은 말씀과 음식으로 독려해 주신 임성춘 편집장님께 깊은 감사의 말씀을 드립니다.

언제나 현실적인 조언을 아끼지 않고 동기부여 해 준 든든한 가족에게도 사랑과 감사의 마음을 전합니다.

괴로운 글쓰기가 기꺼운 글쓰기가 될 때까지
모든 독자께 응원의 마음을 담뿍 보내며,

유영경 드림
2021년 1월 22일

목차

4장 초안 작성

5장 시각화 요소로 가독성 높이기

6장 검토와 재작성

10장 장애 발생 공지문 작성

11장 사용자 가이드 작성

1부

테크니컬 라이팅 시작하기

"여러분이 쓰고 싶은 것이라면
무엇이든지, 정말 뭐든지 써도
좋다. 단, 진실만을 말해야 한다"

스티븐 킹

테크니컬 라이팅

테크니컬 라이팅, 테크니컬 라이터.
IT 관련 기사나 잡지에서 한 번쯤은 접한 용어일 텐데요. 의외로 테크니컬
라이팅이 무엇인지 명확하게 아는 분을 만나기는 쉽지 않습니다.
1장에서는 테크니컬 라이팅 즉, 기술 글쓰기가 무엇인지 살펴보고,
테크니컬 라이팅에서의 글쓰기는 다른 일반 글쓰기와 어떻게 다른지 알아
보겠습니다.

테크니컬 라이팅과 기술 문서

테크니컬 라이팅Technical writing이란 기술이나 과학 분야에서 정보를 정확하게 전달하기 위한 글쓰기를 뜻합니다. 기술이나 과학 분야의 글쓰기뿐 아니라 모든 유형의 글쓰기에서 뜻을 분명하고 알기 쉽게 전달하는 것을 목표로 하는 글쓰기로도 볼 수 있습니다. 이 책은 특히 개발자를 위해 쓴 테크니컬 라이팅 책이므로, 기술 분야에 한정해서 설명합니다. 테크니컬 라이팅은 기술적 글쓰기, 기술 글쓰기라고 번역해서 사용하기도 합니다.

테크니컬 라이팅에서 다루는 기술 문서의 종류는 다양합니다.

컴퓨터 애플리케이션, 의료 절차, 환경 규정과 같이 전문적인 내용을 다루는 문서, 제품 설명서나 도움말 등이 대표적인 기술 문서입니다. 보도 자료, 메모, 보고서, 백서, 이력서 등도 넓게 보면 기술 문서에 포함됩니다.[1]

업무상 글을 써야 하는데 글을 쓰기 어려워하는 개발자를 대상으로, 정확하고 쉽게 정보를 전달하는 방법을 알리려고 쓴 이 책 역시 기술 문서입니다. 전달할 내용이 없다면 공들여 쓸 필요가 없습니다.

---

1 Technical writing(https://en.wikipedia.org/wiki/Technical_writing)

기술 문서는 항상 특정 독자를 대상으로 작성합니다. 제품이나 서비스의 사용자, 메일을 받는 사람, 보고서를 읽어야 하는 의사 결정자 등이 기술 문서의 독자가 됩니다.

> **기술 문서의 특징**
> - 특정 독자를 대상으로 특정 목적을 갖고 특정 정보를 전달
> - 어떤 작업을 수행하거나 어떤 주제를 쉽게 이해할 수 있도록 정확한 정보만을 전달

기술 문서를 쓰는 목적이 정확한 정보를 전달하려는 것이므로 '어떻게 써야 명확하게 잘 전달할 수 있을까'에 초점을 맞춰야 합니다.

감명을 주거나 깊은 인상을 남기려고 노력하지 말고, 사실을 그대로 빠짐없이 쓰는 것이 무엇보다 중요합니다.

Write to express, not to impress.

다음 절에서는 테크니컬 라이팅과 일반 글쓰기가 내용과 형식 등에서 어떻게 다른지 좀 더 살펴보겠습니다.

> **NOTE_테크니컬 라이터**
>
> 테크니컬 라이터는 기술 문서를 개발하는 사람들을 말합니다. 간혹 '기술 작가'라고 쓰기도 하지만 IT 분야에서는 '테크니컬 라이터'로 쓰는 것이 일반적입니다. IT 분야의 테크니컬 라이터는 제품, 서비스, 장비 등을 사용자가 쉽게 사용하거나 운영할 수 있게 정확한 정보를 전달하는 일을 합니다. 복잡하고 어려운 기술이나 정보를 대상 독자의 눈높이에 맞게 설명해야 하며, 때에 따라 일러스트를 작성하고 동영상 가이드를 만들기도 합니다. 좋은 테크니컬 라이터가 되려면 대상 독자 편에서 생각할 줄 알아야 하고, 원활한 의사소통과 글쓰기 능력이 필요합니다.

테크니컬 라이팅과
일반 글쓰기의 차이

업무상 개발자가 쓰는 기술 문서가 소설이나 시, 수필, 일기 등과 다른 점은 '특정'한 누군가에게 보여 주기 위한 문서라고 앞에서 얘기했는데요.

메일을 보낼 때는 반드시 '받는 사람'을 지정해 특정인에게 보냅니다. 보고서를 작성할 때도 '특정인'에게 보고하는 것이 목적입니다. 사용자 가이드 역시 '특정인'에게 정보를 전달하고 사용법을 알려주는 것이 목적입니다.

▲ 기술 문서는 시가 아닙니다

소설이나 시, 수필 등에도 물론 독자가 있지만 보통 익명의 다수를 독자로 생각합니다.

독자뿐 아니라 내용도 크게 다릅니다. 일반 글쓰기에서는 주관적인 생각, 공상, 관념 등의 내용을 다룰 수 있습니다. 반면 기술 문서에서는 객관적인 사실, 정확한 정보만을 다뤄야 합니다.

형식도 좀 다릅니다. '알람'을 주제로 완전히 다른 표현과 형식을 사용한 예를 살펴보겠습니다.

먼저 사용 설명서에서 '알람'을 설명한 문단입니다.

알람

위키백과, 우리 모두의 백과사전.

알람(alarm)은 다음을 가리키는 말이다.

- 자명종: 문제나 조건에 맞추어 경고를 주는 장치

▲ 알람 – 위키백과(출처: https://ko.wikipedia.org/wiki/알람)

다음은 시인 하상욱 님의 '알람'이라는 단편 시의 내용입니다.

늘고마운
당신인데

바보처럼
짜증내요

– 하상욱 단편 시집 '알람' 중에서 –

시를 쓸 때는 시적 허용 등과 같이 형식을 파괴할 수도 있지만, 기술 문서에서는 그렇지 않습니다.

기술 문서에서는 작업 순서에 따라 차례대로 내용을 구성해야 하며, 보편적인 표현을 사용해야 합니다. 일관된 문서 스타일과 용어를 사용하는 것도 중요합니다.

테크니컬 라이팅과 일반 글쓰기의 다른 점을 정리하면 다음과 같습니다. [2]

일반 글쓰기	기술 글쓰기
• 창의	• 사실
• 상징	• 직설
• 자유 흐름	• 순차적 흐름
• 일반인 대상	• 특정인 대상

---

2 Business Writing Today: A Practical Guide Second Edition by Natalie Canavor(Author) SAGE Publications, Inc

테크니컬 라이팅 5단계

　독자가 원하는 정보를 충분히 전달하려면 문서를 작성하기 시작할 때 먼저 독자에게 꼭 필요한 정보를 선정해야 합니다. 그 다음 문서 구조를 잡고 초안을 작성합니다. 초안 작성이 끝나면 여러 번 검토하면서 내용과 구조, 표현, 용어 등을 다듬습니다. 설명대로 실행하면 원하는 결과를 얻을 수 있는지 테스트하고 검토합니다. 모든 검토가 끝나고 미리 정한 곳에 문서를 배포하면 문서 작성 과정이 끝납니다. 문서를 배포한 후에도 변경된 제품이나 서비스 기능이 있다면 정기적으로 업데이트해야 합니다.

　이렇게 기술 문서 작성 과정은 계획, 구조 잡기, 작성, 검토와 재작성, 배포 단계로 나눌 수 있습니다.

단계별로 좀 더 자세히 살펴보겠습니다.

1단계 – 계획 세우기

계획 단계에서는 기술 문서를 작성하는 목적과 문서를 읽을 독자를 구체적으로 정해야 합니다.

기술 문서는 누군가가 읽도록 작성하는 문서다 보니 다른 어느 문서보다 독자를 명확하게 정하는 것이 중요합니다. 어떤 독자에게 어떤 주제로 글을 쓸지 정하고 필요한 정보를 수집하는 단계입니다.

2단계 – 구조 잡기

계획 단계에서 수집한 정보를 작업 순서에 따라 차례대로 배열하는 단계입니다. 예를 들어 이미지 편집 툴의 사용 가이드를 작성한다면 편집 툴 개요, 편집 툴 설치 방법, 편집 툴의 기능 사용 방법, 다양한 효과를 적용한 사례 등을 설명하는 식으로 정보를 묶어 구조화합니다.

3단계 – 초안 작성

문서 구조를 잡았다면 초안을 작성합니다. 초안을 작성할 때는 일단 전달할 정보를 모두 넣는 것에 초점을 맞춥니다. 문법이나 맞춤법이 틀렸는지 신경 쓰지 말고 전달할 내용에만 집중합니다.

처음부터 순서대로 쓰지 않아도 되니 가장 자신 있는 부분부터 채워 나가면 됩니다.

4단계 - 검토와 재작성

초안를 작성한 후 다시 읽어 보며 잘못된 내용과 문장을 확인해 고치는 단계입니다. 고치기 단계에서는 내용, 문서 구조, 문장 연결, 문법, 맞춤법 등 모든 항목을 검토하고 테스트해 최종본을 만들어야 합니다.

검토와 재작성 단계에 많은 시간을 할애한다

기술 문서 작성의 모든 단계가 중요하지만 가장 많은 시간을 할애해야 하는 단계는 '검토와 재작성' 단계입니다. 문장을 매끄럽게 만드는 것뿐 아니라 내용이 정확한지도 테스트해야 합니다. 얼마나 꼼꼼하게 문서를 확인하고 테스트했는지에 따라 최종 문서 품질이 좌우됩니다. 초안를 많이 고칠수록 글쓰기 품질은 높아지기 마련입니다.

▲ 글쓰기의 본질은 재작성(출처: thegraphicrecordes.com On Writing Well by w.z)

문서를 검토하고 재작성할 시간을 충분히 확보하려면 전체 문서 작성 시간의 약 40%를 '검토와 재작성' 단계에 할애하는 것이 좋습니다.

5단계 – 배포

완성된 문서를 독자에게 배포하는 단계입니다. 메일이라면 **보내기** 버튼을 눌러 배포할 수 있고 웹 사이트에서 PDF 형식이나 웹 페이지 형식으로 배포할 수도 있습니다. 배포한 문서는 언제든 독자가 찾아서 볼 수 있게 해야 합니다.

2장

개발자와
테크니컬 라이팅

엔지니어를 위한 웹 사이트에 연재한 기사 중에서 기술 문서·문장을 주제로 한 내용이 많이 검색되는 것을 보면 기술 문서를 잘 작성하는 것이 엔지니어의 큰 관심사라는 것을 알 수 있습니다. 아마도 엔지니어 대부분이 기술 문서에 들어가는 문장을 어떻게 써야 할지 잘 모르기 때문이라 생각합니다. 2장에서는 개발자가 작성하는 기술 문서가 무엇인지, 그리고 문서를 잘 쓰는 것이 중요한 이유를 알아봅니다.

개발자와 테크니컬 라이팅

개발자 나길동 씨는 아침에 출근해 오늘 할 일을 메모하는 글쓰기로 하루를 시작합니다. 서비스 출시 회의 내용을 정리하는 것도, 관련 부서에 회의 결과와 남은 버그를 공유하는 메일을 쓰는 것도 글쓰기입니다. 다음 주부터 출근하는 신입사원이 봐야 할 코딩 컨벤션도 작성해야 합니다. 출시한 서비스의 버그로 보고된 오류 메시지도 추가로 써야 합니다.

회사 기술 블로그에 JavaScript 성능을 최적화한 경험과 사례를 공유하는 글을 쓰기 시작할 때면 머리가 아파져 옵니다. 한 줄 쓰고 지우고, 한 줄 쓰고 지우고. 몇 시간째 한 페이지를 넘기지 못합니다. 바람이나 쐐야지. 덮어두고 다른 일을 시작하지만. 마음 한켠이 점점 더 무거워집니다.

글쓰기는 인문학 전공자나 작가 등의 전문 분야로 생각하기 쉽습니다. 하지만 '개발자의 일'에는 글쓰기도 포함됩니다.

개발자 나길동 씨처럼 메모하고 메일을 쓰고 회의록을 작성하고 자료를 문서로 정리하는 일이 모두 테크니컬 라이팅 범주에 포함됩니다.

그런데 글쓰기는 대다수에게 부담스러운 일입니다. 쓰고 싶은 말이 머리에서는 맴돌아도 정돈된 글로 표현하는 것이 여간 어렵지 않습니다.

'그냥' 쓰면 된다고 생각하기 쉽지만, 막상 쓰다 보면 몇 단어 이어가기가 쉽지 않습니다. 어렵게 반 페이지 정도 쓰고 다시 읽어 보면 무슨 말을 하고 싶은지 알 수 없을 때도 많습니다. 어디서부터 어떻게 고쳐야 하는지 감도 잡을 수 없습니다. 당연합니다. 연습하지 않아서입니다.

글쓰기는 연습하지 않으면 늘지 않습니다. 반대로 연습하면 늘 수 있습니다! 자전거나 킥보드 타기, 운전처럼 시간을 투자해 반복하면 그만큼 발전한 결과를 얻을 수 있습니다.

특히 조직에 속한 개발자라면 복잡한 기술 내용을 다른 개발자가 이해하기 쉽게 문서로 만드는 일이 중요합니다.

문서를 작성하기는 했지만 시간이 한참 흘러 다른 사람이 그 문서를 읽고 명확하게 이해할 수 없다면, 문서는 무용지물이 됩니다. 이전 내용을 알 수 없으니 같은 일을 반복하며 시간을 낭비할 수도 있습니다.

개발 프로세스에서 문서가 얼마나 중요한지 예를 들어 보겠습니다.

다음은 고객이 원하는 서비스를 듣고, 전달하고, 개발하고, 테스트하는 등의 일련의 과정에서 소통이 얼마나 중요한지를 나타낸 그림입니다.

개발 프로세스를 설명할 때 자주 등장하는 그림인데, 이번에는 문서화에 초점을 맞춰 살펴보겠습니다.

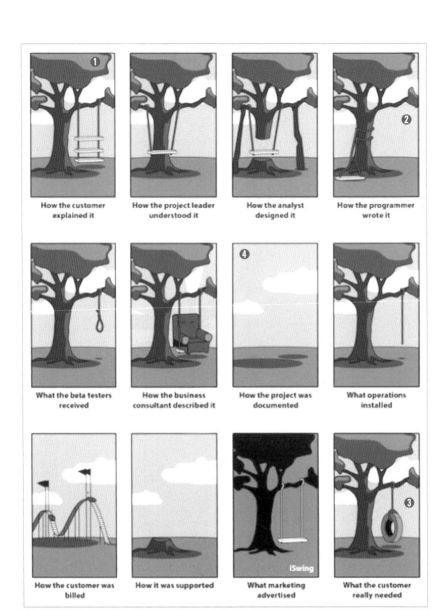

▲ IT 프로젝트가 실행되는 방법(출처: www.projectcartoon.com)

❶번 그림은 고객이 원하는 바를 설명한 것입니다. ❷번 그림은 개발자가 설명을 듣고 실제 개발한 것입니다. 하지만 고객이 정작 원한 것은 가장 마지막의 ❸번 그림입니다.

특히 인상적인 것은 ❹번 그림입니다. 'How the project was documented'에는 아무것도 없습니다. 프로젝트 관련 문서를 전혀 작성하지 않았다는 의미입니다. 처음부터 협의한 내용을 제대로 정리한 문서가 있었다면, 같은 것을 보며 이토록 다르게 해석하지는 않았을 겁니다.

협업에서 중요한 요소 중 하나는 '의사소통'입니다. 소통한 결과를 가장 오래, 그리고 명확하게 기억할 수 있는 의사소통 방법은 말보다는 '글'입니다.

효율적이고 경제적으로 일하려면 '글'을 수단으로 해서 기록을 남겨야 합니다.

그냥 쓰는 것이 아니라 제대로 쓰기

'글'이 중요한 의사소통 수단이자 기록 수단이라고 앞서 얘기했는데요. 그럼 '글'이면 다 되는 걸까요.

다음 예문을 살펴보겠습니다.

> 'JYM 올인원 관리' 서비스는 사용자가 구매할 수 있는 모든 관리 서비스를 지칭하고, 이 서비스 종류에는 이벤트 모니터링 서비스, 장애 처리 서비스로 분류됩니다. 전체 운영 관리를 통해 하드웨어, OS, 네트워크 등 서버와 시스템을 안정적으로 운영 관리할 수 있도록 지원합니다.

문장이 술술 읽히지 않고 읽다가 앞으로 돌아가 다시 읽어 보게 됩니다. 어떤 의미인지는 대충은 알겠는데 어렵게 느껴집니다.

글을 쓰기만 한다고 의사소통 문제가 해결되는 것은 아닙니다. 중요한 것은 독자가 '이해하기 쉽게' 글을 쓰는 것입니다. 정확하지 않은 내용, 명확하지 않은 문장, 어려운 전문 용어 등을 쓰지 않고 '제대로' 전달해야 합니다.

직관적으로 원하는 내용을 독자에게 제대로 전달하려면 먼저 누구에게 글을 쓸지 정해야 합니다. 대상에 따라 내용과 설명 방법이 달라질 수 있기 때문입니다.

2부에서는 기술 문서의 대상 독자를 정하는 것부터 초안을 작성하고 문서를 완성하기까지 고려해야 할 점을 예제와 함께 정리했습니다.

개발자를 위한
글쓰기 가이드

테크니컬 라이팅
45가지 원칙

"간결하게 설명할 수 없다면
제대로 이해한 게 아니다."

아인슈타인

3장

문서 작성
계획 세우기

본격적으로 문서를 작성하기 전에 대상 독자를 구체적으로 그려 보고, 독자에 맞는 주제를 정해야 합니다. 문서를 작성하기 전에 독자와 어조를 정하고, 독자에 맞는 문서 종류를 정하는 방법을 살펴보겠습니다.

01 대상 독자를 정한다

기술 문서를 쓸 때 중요한 것은 독자를 정하는 것입니다. 누구를 위해 글을 쓰는지 명확하게 정해야 내용의 깊이를 조절하고, 전문 용어 사용 범위와 어조도 정할 수 있기 때문입니다.

대상 독자를 왜 정해야 하는가

길동과 여진에게 같은 도형을 보여 주고 설명해 달라 부탁했습니다.

다음 설명을 읽고 여러분도 어떤 도형인지 맞혀 보세요.

길동의 설명

"생일 때 쓰는 모자 모양입니다. 고깔 모양 과자처럼 생겼어요. 대신 아래가 막혀 있습니다. 높이는 손 한 뼘 정도 되는 것 같고..., 밑에 동그라미 부분은 높이의 절반 정도 길이인 것 같아요."

"밑면의 반지름이 5cm 정도이고 높이가 20cm 정도인 원뿔입니다."

길동과 여진이가 설명한 도형은 무엇일까요.

다음과 같은 원뿔이었습니다.

▲ 원뿔(출처: www.flaticon.com)

이처럼 같은 도형을 보고도 알고 있는 지식에 따라 설명 방법이 달라질 수 있습니다.

아직 원뿔을 모르는 사람이라면 여진이처럼 설명했을 때 어떤 도형을 말하는지 알기 어렵습니다. 반대로 원뿔을 아는 사람에게 길동과 같이 설명한다면, 어떤 도형인지 짐작할 수는 있지만 설명이 길고 모호하다고 느낄 것입니다.

같은 내용을 설명하더라도 독자에 따라 내용의 깊이를 조절해야 합니다. 따라서 문서를 작성하기 전에 가장 먼저 할 일은 독자를 구체적으로 그려 보는 것입니다.

대상 독자 선정 방법

명확하게 독자를 선정하려면 사용자 경험(UX)을 연구하거나 설문 조사를 하거나, 문서를 테스트해 봐야 합니다. 하지만 현실적으로는 이러한 준비 과정을 거치기 어렵습니다.

가장 효율적으로 대상 독자를 정하는 방법은 직무를 고려하는 것입니다.

예를 들어 다음과 같이 직무를 구분해 보겠습니다.

- 개발자
- 개발은 하지 않는 기술 관련 업무자
- 개발 관련 전공 대학생
- 개발 관련 전공 대학원생
- 개발자가 아닌 홍보나 마케팅 담당자

직무가 같은 사람이라면 기본 지식과 기술이 비슷하다고 가정할 수 있습니다. 하지만 직무만으로는 충분하지 않습니다. 같은 개발자라도 전문 분야나 경력에 따라 기술 수준과 깊이가 다르기 때문입니다.

같은 컴퓨터공학 전공자를 대상으로 한다고 해도 대학생 대상의 딥러닝 수업과 대학원생 대상의 딥러닝 수업은 다르겠지요. 따라서 직무뿐 아니라 구체적으로 기술 수준까지 고려해 대상 독자를 정해야 합니다.

독자 분석 체크리스트

내가 쓴 글을 읽을 독자가 누구일지를 구체적으로 정할 때는 다음 항목을 고려하면 좋습니다.

체크리스트를 확인하면서 독자를 구체적으로 정해 봅시다.

항목	확인
독자가 원하는 게 무엇인가?	
독자는 이 문서를 보고 무엇을 하려 할까?	
독자의 기술 수준은 어떻게 되나?	
독자가 이미 알고 있는 정보는 무엇인가?	
어떤 직업, 어떤 직위에 있는 사람인가?	
독자의 학력과 전문 용어 이해 수준은 어느 정도인가?	
저자와 독자는 어떤 관계가 있는가?	
주제에 관해 독자가 이미 알고 있는 사실은 어떤 것인가?	
독자가 이 글을 이해하는 데 필요한 사전 정보는 무엇인가?	
독자에게 어떤 반응을 기대하는가?	

▲ 독자 분석 체크리스트

02 설명할 기술의 깊이를 조절한다

Android SDK를 설명하는 문서를 작성하려 합니다.

독자는 크게 다음과 같이 구분했습니다.

- Android 개발자
- Android SDK를 들어보기는 했지만, 무엇인지 잘 모르는 독자
- SDK가 무엇인지 전혀 모르는 독자

구분한 독자에 따라 내용이 어떻게 달라지는지 살펴보겠습니다.

먼저 독자가 개발자라면 간단하게 설명하면 됩니다.

여기에서는 Android SDK를 설명한다.

독자가 개발자는 아니지만 관련 분야에 지식이 있는 사람이라면 다음과 같이 설명하면 됩니다.

SDK는 'Software Development Kit'의 약자로 개발자는 SDK를 사용해 기능을 확장하고 다른 소프트웨어와 통합 작업 등을 수행할 수 있다. 여기에서는 특히 Android에서 사용하는 SDK를 다룬다.

독자가 개발 분야와는 전혀 상관없는 사람이라면 다음과 같이 전문 용어를 쓰지 않고 쉽게 쓰는 것이 좋습니다.

여기에서는 제품 기능을 어떻게 확장할 수 있는지 알아보겠다.

이처럼 독자가 이미 알고 있는 내용에 따라 전문 용어를 어떻게 써야 하는지, 개념 설명은 어디까지 해야 하는지 등이 달라질 수 있습니다.

- 비개발자

  다루는 주제에 익숙하지 않은 독자라면 먼저 개념이나 기본 정보, 기본 용어를 설명해야 합니다. 저자는 이미 다루는 주제에 익숙해서 기본 개념을 빼먹기 쉽습니다. 글을 쓰고 나서 반드시 독자 관점에서 읽어 보고 빠진 내용은 없는지 검토합니다.

- 개발자

  다루는 주제에 익숙한 독자라면 일반적인 용어 설명은 하지 않아도 됩니다. 용어뿐 아니라 내용을 설명할 때도 기초적인 내용을 길게 하면 오히려 지루해질 수 있으니 간단하게 언급만 하는 것이 좋습니다.

- 독자가 섞여 있을 때

    개발자와 비개발자 모두가 대상인 글을 쓸 때는 각 독자 수준에 맞춰 일

    단 내용을 모두 작성합니다. 대신 필요한 정보만 선택해 볼 수 있게 목차

    를 잘 만들어야 합니다. 문서 앞부분에 독자별로 읽을 장이나 절을 따로

    소개하는 것이 좋습니다.

워런 버핏의 작문상 수상 비결

버크셔해서웨이의 회장, 워런 버핏. 투자의 귀재로 알려진 워런 버핏은 투자뿐 아니라 글을 잘 쓰기로도 유명합니다. 어려운 경제 관련 글도 누구나 알기 쉽고 재미있게 쓰기 때문입니다. 심지어 2005년에는 작문상을 수상하기도 했는데, 수상작이 문학 작품이 아닌 매년 작성하는 버크셔해서웨이의 연례 기업 보고서였습니다.

워런 버핏은 "A Plain English Handbook" 머리말에서, 전문 용어를 쓰지 않고 쉽게 쓰는 것이 소통하는 데 중요하다고 얘기합니다. 어떻게든 정보를 전달해 주고 싶은 마음이 있어야 한다고도 말했습니다. 원문은 이렇습니다.

Write with a specific person in mind. When writing Berkshire Hathaway's annual report, I pretend that I'm talking to my sisters. ... To succeed, I don't need to be Shakespeare; I must, though, have a sincere desire to inform. No siblings to write to? Borrow mine: Just begin with "Dear Doris and Bertie."[1]

                                         – Warren Buffett

전문 용어도 많고 내용도 어려운 기술 문서를 이해하기 쉽게 쓰고 싶다면, 같은 기술 분야가 아닌 다른 분야의 가족, 친구 등을 떠올리며 설명하듯 글을 써 보시기 바랍니다.

---

[1] A Plain English Handbook(https://www.sec.gov/pdf/handbook.pdf)

03 분위기를 좌우할 어조를 정한다

파일 이름을 마음대로 바꿀 수 있어요.
파일 이름을 원하는 대로 변경할 수 있습니다.

같은 얘기를 하고 있습니다. 하지만 어조가 다르니 느낌도 많이 다릅니다.

어조Tone란 말의 가락을 가리키는 말로, 더욱 더 자연스럽고 효과적으로 표현할 수 있게 도와주며 말하는 이의 감정과 기분을 전달할 수 있게 합니다. 문서의 전반적인 느낌이나 분위기를 좌우하므로, 문서를 쓰기 전에 어떤 어조를 사용할지 결정해야 합니다. 선택한 어조에 따라 문체나 용어, 설명의 깊이가 달라지기 때문입니다.

어조는 어떤 근거로 정할 수 있을까요. 대상 독자나 문서를 쓰는 목적에 따라 정해야 합니다.

다음은 메시지 앱의 개선 사항을 정리한 예입니다.

> • 답장 기능 개선
> : 입력중인 메시지를 답장으로 전환할 수 있어요.
> : 말풍선에 마우스를 올리면 간편 답장 기능이 나타나요.

▲ 친근한 어조를 사용한 앱의 개선 사항 안내

'~할 수 있어요', '~ 나타나요'와 같이 친근한 어조를 사용하고 있습니다. 휴대폰으로 메시지를 보낼 수 있는 사람이라면 직무, 나이, 기술 지식 등과 상관없이 누구나 독자가 될 수 있으므로 부드러운 어조를 선택했습니다.

다음은 개발 언어인 자바Java를 업데이트할 때 나타나는 대화 상자입니다.

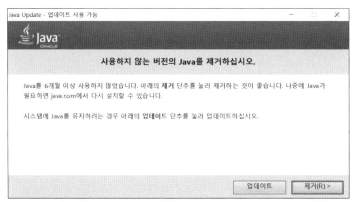

▲ 자바 업데이트 화면

대화 상자의 예상 독자는 특정 기술 지식이 있고 특정 직무를 가진 사람입니다. 주로 개발자일 텐데요. 앞에서 본 친근한 어조와는 다르게 '~하십시오'와 같이 형식적인 어조를 사용하고 있습니다.

어조는 제품이나 서비스의 성격, 주요 사용자층, 전달하고 싶은 이미지 등을 고려해 정해야 합니다. 테크니컬 라이터가 단독으로 정하는 것이 아니라 제품 기획자, UX 디자이너, 프로젝트 관리자, 마케팅 담당자 등과 협의해 제품 기획 의도와 사용자층을 분석해 정합니다.

어조를 정했으면 문서 전체에서 일관되게 사용하는 것도 중요합니다. 다음과 같이 여러 문체를 섞어 쓰지 않게 유의해야 합니다.

다음은 파일을 저장하는 방법이다.
1단계: 파일을 저장하려면 메뉴에서 파일을 클릭한 뒤 저장을 클릭하세요.
2단계: 파일을 처음 저장하게 되면 파일 이름을 지정하라는 대화 상자가 나타남.

문서를 읽을 독자와의 관계가 글의 어조를 정하는 중요한 요소입니다. 따라서 특정 독자를 떠올리며 글을 쓰면 어조를 정하고 일정하게 유지하는 데 도움이 됩니다.

04 주제를 구체적으로 정한다

글을 쓰기로 마음먹었다면 무엇을 쓸지 주제를 먼저 생각해야 합니다.

업무로 글을 쓸 때는 주제를 정하는 것이 어렵지 않습니다. 무엇을 써야 하는지 대체로 정해져 있으니까요.

클라우드 서비스 개발자라면 클라우드 서비스를 개발하면서 겪은 경험담, 개선 사례, 사용자 가이드, 운영 가이드 등을 쓰게 됩니다.

'클라우드 서비스 사용자 가이드'를 써야 할 때 생각할 수 있는 주제는 다음과 같습니다.

- 클라우드 서비스란 무엇인가
- 클라우드 서비스를 사용할 때의 이점
- 여러 클라우드 서비스 간의 비교
- 클라우드 서비스 종류
- 컴퓨팅 서비스 사용법
- 데이터베이스 서비스 사용법
- 스토리지 서비스 사용법
- 네트워킹 서비스 사용법
- 컨테이너 서비스 사용법

- 모바일 서비스 사용법
- 사물 인터넷 서비스 사용법
- 게임 서비스 사용법
- 머신 러닝 서비스 사용법
- 클라우드 서비스의 보안
- ...

바로 나열해도 이처럼 많은 주제가 떠오릅니다. 각 서비스 사용법 안에서도 서비스의 개념, 서비스 구조, 서비스 활용 예, API 사용법 등 다뤄야 할 내용도 많습니다. 분량도 문제지만 한 사람이 이 내용을 모두 알고 쓸 수도 없습니다.

따라서 '클라우드 서비스' 중에서 어떤 내용을 쓸 것인지 구체적이고 명확한 주제를 먼저 정해야 합니다.

다음은 클라우드 서비스 중에서도 'MySQL용 데이터베이스 서비스 사용법'을 주제로 정했을 때 다룰 수 있는 내용입니다.

- MySQL DB 인스턴스 생성 및 데이터베이스 연결
- DB 인스턴스 생성
- DB 인스턴스에 연결
- DB 인스턴스 변경
- DB 엔진 업그레이드
- DB 인스턴스로 데이터 가져오기
- MySQL 복제
- DB 인스턴스에서 데이터 내보내기
- 문제 해결

앞의 목록은 예시이므로 작성자나 대상 독자에 따라 달라질 수 있습니다. 중요한 것은 주제를 구체적으로 좁혀 나가야 한다는 점입니다.

다른 예를 살펴보겠습니다.

예문

- GitHub 사용법
- Firebase 매뉴얼
- JavaScript 사용법

'GitHub 사용법'을 주제로 정하고 문서를 쓰면 GitHub 백과사전을 만들어야 합니다. GitHub의 모든 기능을 다뤄야 하기 때문입니다.

'Firebase 매뉴얼', 'JavaScript 사용법' 주제도 광범위하기는 마찬가지입니다. 광범위한 주제를 좁히면 다음과 같습니다.

수정안

- GitHub를 사용한 효율적인 문서 검토 방법
- Firebase로 웹 사이트 퍼블리싱하기
- JavaScript에서 타임존 다루기

문서의 주제는 작성자가 가장 자신 있게 쓸 수 있고 확실하게 알고 있으며, 경험담과 사례도 많이 제시할 수 있는 것으로 정하면 좋습니다.

무엇을 쓸지 범주를 정했다면 광범위하고 막연한 주제는 아닌지 생각해 보고, 작성자가 다룰 수 있는 범위로 주제를 한정하는 것부터 시작해야 합니다.

원하는 분량을 채우기

사내 기술 저자를 발굴해 시리즈 서적을 출판하는 업무를 맡았을 때입니다.

한 번은 이미 작성해 놓은 문서가 100페이지나 되는 저자를 만났습니다. '내용을 조금 추가하고 다듬으면 3개월 안에 책을 낼 수 있겠구나' 싶어 기뻤습니다. 못해도 하루 5페이지씩 40일 정도 꾸준히 쓰면 200페이지를 추가할 수 있으니 분량 걱정은 하지 않아도 될 것 같았습니다. 하지만 이상하게 진도가 나가지 않았습니다. 이유는 100페이지나 써 놓았지만 그게 다였기 때문입니다. 더는 쓸 내용이 없었던 것이지요.

이런 예는 몇 번 더 있었습니다. 책 한 권은 거뜬히 쓰겠다 싶어 호기롭게 시작은 했지만, 몇 페이지 나아가지 못하고 포기하는 경우를 많이 봤습니다.

어떤 주제로 글을 쓰기로 했다면 선택한 주제로 원하는 분량의 문서 한 편, 책 한 권을 완성할 수 있는지를 충분히 생각해 봐야 합니다.

05 작성할 문서의 종류를 정한다

대상 독자를 정했으면 그에 맞춰 어떤 종류의 문서를 쓸 것인지 정합니다. Word나 YouTube 스튜디오처럼 누구나 언제든 사용할 수 있는 서비스라면, 초급 대상자를 늘 고려해야 합니다.

초급 대상자가 빠르게 제품에 친숙해질 수 있게 기능을 소개하는 매뉴얼 외에도 '퀵스타트 가이드'나 '비디오 가이드'를 만드는 것을 생각해 봐야 합니다.

목적과 내용에 따라 자주 사용하는 문서 종류는 다음과 같습니다.

- 메일
- 회의록
- 보고서
- 가이드
- 튜토리얼

메일

메일은 가장 많이 사용하는 의사소통 수단입니다. 주로 정보를 간단하게 공유하고 업무를 요청할 목적으로 작성합니다. 의사결정을 받기 위해 작성할 때도 있습니다. 메일의 독자는 '받는 사람'이며, 지정한 독자에 맞게 필요한 내용을 가감해야 합니다. 효율적인 메일 작성 방법은 7장에서 자세히 알아보겠습니다.

회의록

회의록은 협의한 내용을 공유하고 오래 기억할 수 있게 작성하는 문서 형식입니다. 회의록에는 회의 날짜와 참석자를 적어야 하며, 참석하지 않은 사람이 나중에 읽어도 내용을 이해할 수 있게 명확하게 써야 합니다. 자세한 회의록 작성 방법은 8장에서 알아봅니다.

보고서

보고서는 어떤 대상을 조사하거나 현상을 오래 관찰한 결과를 정리해 일정한 양식을 갖춰 작성한 글을 말합니다. 보고의 목적으로 작성하며 발표용 보고서는 PPT 파일로 보통 작성합니다. 발표용이 아니라면 메일이나 위키에 작성하기도 합니다. 이 책에서는 보고서 중 특히 장애 보고서를 작성하는 방법을 10장에서 살펴봅니다.

가이드

가이드는 제품이나 서비스 사용 방법, 특정 작업을 수행하는 방법 등을 설명한 문서입니다. 가이드는 '설명서' 또는 '매뉴얼'[2]로 부르기도 합니다.

스마트폰 사용 가이드라면 스마트폰으로 사진을 찍거나 필요한 앱을 설치하거나 연락처를 만들고 문자를 보내는 방법 등을 다룹니다.

가이드 중에서도 제품이나 서비스를 처음 접하는 사용자가 빠르게 주요 기능을 익힐 수 있게 만든 문서를 '퀵 스타트 가이드'라고 합니다. 퀵 스타트 가이드는 비디오 형식으로도 많이 만듭니다. 사용자 가이드를 작성할 때 고려할 점은 11장에서 자세히 알아보겠습니다

튜토리얼

튜토리얼은 독자를 데리고 제품이나 서비스를 어렵지 않게 시작할 수 있도록 단계별로 하나하나 이끌어주는 문서를 말합니다.

쉬운 예로 라면 봉지에 있는 조리법을 떠올리면 됩니다.

---

2 사전적으로는 매뉴얼과 가이드를 구분하지만, 실제로는 매뉴얼과 가이드는 거의 비슷한 개념으로 사용합니다. 온라인 문서는 '매뉴얼'보다는 '가이드', 종이책 형식일 때는 '매뉴얼'이라는 표현을 많이 사용했습니다. 요즘은 온라인 문서가 많아지다 보니 '매뉴얼'보다는 '가이드'로 통일해서 쓰는 경우가 많습니다.

▲ 라면 봉지 조리법 그림(농심 너구리 라면 조리법)

튜토리얼에서는 가이드를 작성할 때보다 이미지를 많이 활용해 직관적으로 내용을 전달합니다. 복잡하고 자세한 배경 정보는 생략하고 일단 빠르게 제품과 친숙해지게 하는 것이 목적입니다. 특정 과제를 주제로 삼고 처음부터 끝까지 그대로 따라 하면 결과를 쉽게 얻을 수 있도록 구성합니다. 튜토리얼 형식의 가이드 중 '퀵스타트 가이드'를 작성하는 방법은 11장에서 자세히 알아보겠습니다.

개발자를 위한
글쓰기 가이드

4장

초안 작성

대상 독자를 정하고 주제를 생각했다면 문서를 작성할 차례입니다. 물론 초안부터 완벽한 글을 작성하는 것은 불가능하지만 시작이 반이라는 말처럼 기본기가 잡힌 초안을 작성하는 것이 효과적인 글쓰기의 첫 걸음입니다. 초안을 작성할 때는 완성도를 고려하기보다 생각나는 내용을 빠르게 채워 나가는 것이 좋습니다. 일단 내용을 채우고 원하는 내용을 효과적으로 전달할 수 있게 정리해야 합니다.

06 일단 쓴다

문서 작성 준비를 마쳤다면 본격적으로 글을 쓸 시간입니다. 이때 중요한 것은 처음부터 완벽한 글을 쓰겠다는 생각은 내려놓고 일단 글을 쓰기 시작하는 것입니다.

흐름도 이상한 것 같고 정확한 내용인지 확신이 없어도 일단 쓰고 싶은 내용을 모두 씁니다. 완전하지 않아도 내용을 채우다 보면 생각을 정리할 수 있고 추가할 내용이 떠오를 수도 있습니다.

생각나는 대로 편하게 글을 쓸 때는 문법이나 맞춤법이 맞는지는 확인하지 않아도 됩니다. 정확한 문장을 만들고, 문장을 모아 매끄럽게 단락을 구성하는 것은 쓰고 싶은 내용을 채운 다음에 하면 됩니다.

초안을 쓸 때는 준비 단계에서 정한 독자를 떠올리며 독자가 궁금해할 내용, 전달해야 할 내용을 빠짐없이 추가하는 데에만 집중합니다.

내용을 채웠다면 효과적으로 정보를 전달할 수 있게 정리해야 합니다. 기술 정보를 전달할 때 고려할 사항을 이어서 살펴보겠습니다.

07 명확성, 간결성, 일관성의 3원칙

기술 문서를 작성할 때 늘 생각해야 할 3가지 원칙이 있습니다.

'명확성, 간결성, 일관성'입니다.

각 원칙이 의미하는 것은 다음과 같습니다.

명확성

모호함이 없고 확실하다는 뜻입니다. 다루는 내용이 정확해야 하고 전달하는 방식과 표현도 선명해야 합니다.

사실을 정확하게 전달하는 것이 목적인 기술 문서에서 단정적이지 않은 표현, 추측성 표현 등은 독자에게 신뢰를 주기 어렵습니다.

단호하고 명확한 설명과 표현을 사용해야 합니다.

간결성

원하는 정보를 빠르게 알리려면 문장을 간결하게 써야 합니다. 문장을 짧게 유지하고, 단락 역시 5개 안팎의 문장으로 구성하면 좋습니다. 간결하다는 것은 짧기도 하지만 넓게 보면 쉽다는 의미도 포함합니다.

짧고 쉽게 쓰도록 신경 써야 합니다.

일관성

문서 전체에서 설명하는 내용이 일관돼야 합니다. 앞에서 말한 것과 뒤에서 말한 것이 달라지면 독자는 문서를 믿지 못하고 스스로 정보를 확인하느라 시간을 써야 합니다.

같은 의미의 용어나 설명 방법도 일관되게 유지해야 합니다.

명확하고 간결하며 일관된 문서를 작성하려면 구체적으로 어떻게 해야 하는지 세부적인 항목으로 나눠 살펴보겠습니다.

기술 문서 작성 5원칙과 7원칙

명확성, 간결성, 일관성의 3원칙에 항목을 추가해 5원칙과 7원칙을 만들 수도 있습니다.

- 5원칙: 명확, 간결, 일관, 보편, 형식
- 7원칙: 명확, 간결, 일관, 보편, 형식, 완전, 정중

원칙의 세부 내용이 서로 겹치는 부분이 많습니다. 너무 많은 원칙을 세우는 것보다 꼭 필요한 원칙을 기억해 두고 활용하는 편이 나아 이 책에서는 3개 원칙만 소개합니다.

08 핵심부터 쓴다

> 교수님 두괄식으로 좀
> 이야기 하세요!!
> 두괄식!!

2020년 4월에 방영한 '슬기로운 의사 생활'이라는 드라마에 나온 대사입니다. 수술 결과를 애타게 기다리는 환자에게 수술 과정부터 장황하게 설명하는 선배 의사를 보고, 후배 의사가 답답해하며 내뱉는 말입니다.

말이 아닌 글로 수술 결과를 전달해야 한다고 가정하면, 대상 독자는 '환자의 보호자', 내용은 '수술 결과 보고'인 기술 문서가 됩니다.

기술 문서는 정확한 내용을 빠르게 전달하는 것이 목적이라고 거듭 말했는데요. 그러려면 핵심을 가장 먼저 써야 합니다. 후배 의사의 말대로 수술 결과부터 전달하는 방식으로 작성해야 합니다.

일부러 반전 또는 극적 효과를 노리거나, 사설이나 논문처럼 근거와 사례를 충분히 들어 독자를 설득하고 마지막에 주장을 관철하려는 의도라면 결론을 마지막에 둘 수도 있습니다. 하지만 제품이나 서비스 가이드와 같이 정보를 전달해야 하는 문서에서는 핵심 내용을 제일 앞에 써야 합니다. 기술 문서 독자는 대체로 매우 바쁘며 문제를 해결하거나 모르는 기능을 빠르게 익히고자 문서를 찾습니다. 핵심만 일단 파악하고 부연 설명은 시간이 되면 읽을 때가 많습니다.

따라서 핵심 내용부터 적고 나서 내용을 뒷받침하는 근거나 설명을 덧붙이는 식으로 문서를 작성해야 합니다.

다음 공지문 예를 살펴보겠습니다.

안녕하세요, 쿠폰 서비스팀입니다.

지난 10월, 쿠폰 서비스를 12월 9일에 오픈한다고 공지했습니다.

사전에 공지드린 대로라면 다음 주에 새 쿠폰 서비스를 선보여야 하는데요. 조금 더 안정화된 모습을 보여드리려면 충분한 테스트를 거쳐야 한다고 판단하여 오픈일을 1월 13일로 연기하기로 했습니다.

기다리신 분들의 너른 양해를 부탁드리며, 좋은 서비스로 보답해 드리겠습니다. 감사합니다.

쿠폰 서비스팀

공지의 핵심 내용은 무엇일까요. 쿠폰 서비스 오픈일이 1월 13일로 변경됐다는 것입니다. 하지만 뒷부분에 가서야 공지를 쓴 이유가 서비스 오픈일이 연기돼서라는 것을 알 수 있습니다. 연기할 수밖에 없는 사정을 먼저 말하고 양해를 구하고 싶은 마음은 크겠지만, 결론부터 말하고 근거나 배경 설명을 덧붙여야 바쁜 독자들이 요점부터 파악할 수 있습니다.

따라서 예문에서는 '서비스 오픈일을 1월 13일로 연기한다'라는 문장부터 적고 그 이유를 설명하면 됩니다. 이처럼 정보 전달이 목적인 문서에서 답을 먼저 제시하고 배경과 근거를 이후에 설명하는 글쓰기 방식을 '역피라미드 방식'이라고 합니다.

역피라미드 방식

역피라미드 글쓰기 방식은 결론, 핵심, 주제부터 제시하고 나서 근거나 데이터를 설명하는 방식을 말합니다.

중요한 내용을 문서 앞부분에서 설명하고 덜 중요한 내용을 차례로 배치하는 것입니다. 마지막에는 참고 자료나 정보를 추가합니다.

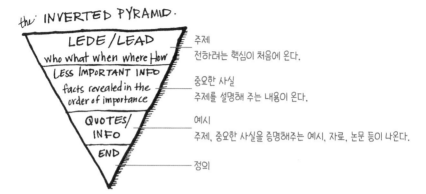

the INVERTED PYRAMID.

LEDE / LEAD
who what when where How — 주제
전하려는 핵심이 처음에 온다.

LESS IMPORTANT INFO
facts revealed in the
order of importance — 중요한 사실
주제를 설명해 주는 내용이 온다.

QUOTES /
INFO — 예시
주제, 중요한 사실을 증명해주는 예시, 자료, 논문 등이 나온다.

END — 정의

▲ 역피라미드 방식(출처: RGCommunications(rgcommunications.com.au/inverted-pyramid-structure-matters-writing-media/inverted-pyramid)

역피라미드 구조로 글을 쓰는 방식은 100년 이상 동안 기사 작성 방식의 표준이었고 테크니컬 라이팅에서도 널리 이용되고 있습니다.

역피라미드 방식으로 문서를 작성하면 좋은 점은 다음과 같습니다.

- 독자들이 요점을 파악하는 데 많은 시간을 소비하지 않아도 됩니다.
- 문서 주제를 빠르게 파악해 세부 내용을 이해하기 쉽습니다.
- 문서를 끝까지 읽지 않더라도 핵심은 파악할 수 있습니다.
- 필요한 장이나 절을 골라 읽기 쉽습니다.

역피라미드 글쓰기 방식은 문저 전체의 구조를 구성할 때도 적용할 수 있고, 단락을 쓸 때도 적용할 수 있습니다. 다음 예문을 살펴보겠습니다.

예문 텐서플로

텐서플로(TensorFlow)는 구글 브레인(Google Brain)팀에서 근무하는 연구자와 엔지니어가 기계 학습과 심층 신경망 연구용으로 개발했지만, 기타 분야에도 광범위하게 적용할 수 있는 범용성을 갖춘 시스템입니다. 텐서플로는 데이터 흐름 그래프를 사용하는 수치 연산용 오픈소스 소프트웨어 라이브러리입니다. 유연한 아키텍처를 채택하여 단일 API를 통해 데스크톱, 서버 또는 휴대기기에 장착된 하나 이상의 CPU 또는 GPU에 연산을 배포할 수 있습니다.

예문의 주제는 텐서플로입니다. 텐서플로를 처음 접하는 독자에게는 텐서플로가 무엇인지부터 알려야 합니다. 따라서 '텐서플로는... 오픈소스 소프트웨어 라이브러리입니다.'가 핵심 문장이 되며 맨 앞에 나오도록 수정하는 것이 좋습니다.

수정안 텐서플로

텐서플로(TensorFlow)는 데이터 흐름 그래프를 사용하는 수치 연산용 오픈소스 소프트웨어 라이브러리입니다. 구글 브레인(Google Brain)팀에서 기계 학습과 심층 신경망 연구용으로 개발했지만, 다른 분야에도 광범위하게 적용할 수 있습니다. 아키텍처가 유연하여 API 하나로 데스크톱, 서버, 휴대 기기에 장착된 여러 CPU나 GPU에 연산을 배포할 수 있습니다.

제목에 요점을 담는다

핵심부터 쓰기를 실천할 때 활용하기 좋은 요소는 '제목'입니다. 제목만 봐도 다루려는 내용이 무엇인지 파악할 수 있게 만들어야 합니다.

제목 아래 단락의 요점을 압축해 제목으로 쓰면 됩니다. 그런데 내용을 압축하다 보면 명사만 나열한 제목을 만들게 되기 쉽습니다. 명사만으로 제목을 구성하면 의미를 명확하게 전달하기 어렵습니다. 압축해서 간결하게 쓰는 것과 필요한 문장 요소를 생략하는 것은 다른 문제입니다. 필요한 문장 요소를 넣어 명쾌한 제목을 만들어야 합니다.

다음 세목을 살펴보겠습니다.

예문

소셜 네트워크 게임 플랫폼 동향

'소셜, 네트워크, 게임, 플랫폼, 동향'이라는 명사 5개로 구성한 제목입니다. 제목을 보면 소셜 네트워크 게임 플랫폼 전반을 다루는 방대한 문서일 것 같습니다. 하지만 실제는 소셜 네트워크 게임 플랫폼을 활용해 게임을 어떻게 제작하고 있는지 소개하는 문서였습니다.

좀 더 구체적으로 내용을 파악할 수 있게 명사와 명사 사이에 필요한 조사와 동사를 추가해 수정합니다.

소셜 네트워크 게임 플랫폼을 활용한 게임 제작 동향

예를 하나 더 보겠습니다.

검색 및 기본 정보

1. 입력란에 검색할 사용자 ID를 입력하고 검색 버튼을 클릭합니다.
2. 검색 결과 목록에서 원하는 사용자 ID를 클릭하면 사용자 기본 정보를 확인할 수 있습니다.

예시의 제목은 '검색 및 기본 정보'입니다.

검색 및 기본 정보

무엇을 검색하고 무엇의 기본 정보인지 알 수 없습니다. 제목 아래에서는 사용자 ID를 사용해 원하는 사용자를 검색하는 방법을 설명합니다. 제목과 내용이 어울리지 않습니다. 내용과 부합하는 제목으로 바꿔 보면 다음과 같습니다.

수정안

ID로 사용자 검색하기

ID로 사용자 정보 확인하기

제목 작성 체크리스트

다음은 제목을 작성할 때 고려할 항목입니다. 체크리스트를 참고해 제목을 작성해 봅시다.

항목	확인
내용이 무엇인지 한눈에 알 수 있는가?	
부제목이 필요하지 않은가?	
목적과 방법을 명확하게 알 수 있는가?	
명사만 나열하지 않고 의미를 정확하게 서술했는가?	
널리 알려지지 않거나 표준이 아닌 약어를 사용하지는 않았는가?	

▲ 제목 작성 체크리스트

10 문장 하나에는 주제를 하나만 쓴다

문장 하나에 주제가 여러 개 있으면 주제를 파악하는 데 시간이 걸릴 수밖에 없습니다. 문장 하나에 주제를 하나만 담다 보면 자연스럽게 짧고 쉬운 문장을 만들 수 있습니다.

다음 예문을 살펴보겠습니다.

예문

> 기획자와 개발자는 같은 기획서를 서로 다르게 해석하곤 하는데, 기획서를 잘 만들었다 해도 개발자 입장에서는 불명확한 부분이 생길 수밖에 없고, 기획자 입장에서는 현재 쓰고 있는 파워포인트와 같은 도구가 기획용으로 적합하지 않기 때문에 표현에 제약이 있을 수밖에 없다는 고충이 있기도 하며, 그리고 이보다 더 심각한 문제는 수시로 변경된 내용을 추적할 수 있는 도구가 없어 버전별로 기획서를 관리하는 것이 어렵다는 점일 것이다.

전달하고 싶은 내용이 한 문장에 모두 담겨 있어 내용을 바로 파악하기 어렵습니다. 어떤 내용을 전달하려는 것인지 하나씩 나눠서 확인해 보겠습니다.

- 내용 1 – 기획자와 개발자는 기획서를 다르게 해석한다.
- 내용 2 – 기획서를 잘 만들어도 개발자가 볼 때는 명확하지 않은 부분이 있다.
- 내용 3 – 기획자는 화면 설계 도구로 파워포인트를 주로 사용한다.
- 내용 4 – 그런데 파워포인트로는 변경 내용을 추적하기 쉽지 않고 버전별로 관리하는 것도 어렵다.

나눈 내용대로 문장 하나에 의미를 하나만 담아 고쳐 써 봅시다.

수정안

> 개발자는 기획자와는 다른 방법으로 기획서를 해석한다고 한다. 그래서 기획자가 아무리 기획서를 잘 만들어도 개발자에게는 불명확한 부분이 생길 수밖에 없다. 또한, 기획자가 주로 사용하는 파워포인트가 설계용으로는 적합하지 않아 원하는 내용을 충분히 표현하기 어렵다. 그런데 이보다 더 심각한 문제는 기획서를 업데이트했을 때 수정한 부분을 쉽게 파악할 수 없다는 점이다.

문장이 짧아져서 읽기도 쉽고 내용도 바로 파악할 수 있습니다.

문장을 길게 쓰다 보면 주어에 맞는 술어를 쓰지 않아 비문(문법에 맞지 않는 문장)을 만들 확률도 높아집니다. 같은 내용을 쓰더라도 짧게 쓰는 연습을 하면 쓰는 사람도 읽는 사람도 편해집니다.

11 객관적인 근거를 댄다

사실을 전달하거나 주장을 펼칠 때 듣는 사람의 동의를 이끌어 내려면 근거를 제시하는 것이 효과적입니다.

『설득의 심리학 2』[1] 책에 나오는 한 대목을 볼까요.

> 한 실험에서 랭거는 복사기를 사용하기 위해 줄 서 있는 사람들에게 낯선 사람을 접근시키고 이렇게 말하도록 시켰다.
>
> "실례합니다. 저는 다섯 장만 복사하면 되는데요. 제가 먼저 복사기를 써도 될까요?" 이렇게 직접적으로 양보해달라는 요청을 받은 사람들 중 60%가 낯선 사람에게 먼저 사용해도 좋다고 허락해주었다. 그러나 부탁하는 사람이 이유를 덧붙였을 때, 즉 "제가 먼저 복사기를 써도 될까요? 왜냐하면 제가 좀 급한 일이 있거든요."라고 말했을 때는 거의 모든 사람들(94%)이 동의했다.

---

1 로버트 치알디니, 노아골드스타인 외 1명, 21세기 북스, 2008

'복사를 먼저 하겠다고만 했을 때'보다 복사를 먼저 해야 하는 이유까지 댔을 때 동의한 확률이 34%나 높았습니다. 사소한 부탁이었기 때문에 더 쉽게 설득할 수 있었던 점을 고려하더라도 근거가 있을 때와 없을 때의 차이가 매우 크다는 것은 변함이 없습니다.

실험에서는 사실인지 판단할 수 없는 근거를 댔지만, 기술 문서에서는 감정에 호소하거나 주관적인 것이 아니라 객관적으로 입증된 명확한 근거를 대야 합니다. 특히 수치 데이터를 제시하면 효과적입니다.

몇 가지 예를 살펴보겠습니다.

예문

A 서버보다 B 서버에서 파일을 로딩하는 속도가 훨씬 빨랐다.

문장만 보면 로딩 속도가 '훨씬' 빠르다는 게 어느 정도인지 알 수 없습니다. 구체적인 수치를 제시하는 것으로 바꿔 보면 다음과 같습니다.

수정안

파일을 로딩할 때 A 서버를 사용하면 1.5초, B 서버를 사용하면 0.9초가 걸렸다.

다른 예를 하나 더 살펴보겠습니다.

예문

불과 얼마 전까지만 해도 데이터 센터를 바라 보는 시선이 그리 좋지 만은 않았다.

예문에서 '불과 얼마 전'이라는 것이 명확히 얼마나 전인지 알기 어렵습니다. 구체적으로 어떤 일이 일어나기 전인지 쓸 수 있다면 구체적으로 쓰는 것이 좋습니다.

수정안

> LEED Platinum 인증을 받기 전까지 데이터 센터를 바라 보는 시선이 그리 좋지 만은 않았다.

기술 문서에는 추측성 주장이나 입증되지 않은 사실을 적지 않아야 합니다. 객관적인 수치나 근거를 제시해야 글의 신뢰도가 높아집니다.

12 전문 용어는 독자에 맞게 사용한다

기술 문서는 보편적으로 써야 합니다. '보편'적으로 쓴다는 것은 서비스 제공자나 개발자 관점이 아닌, 독자 편에서 생각하고 쓰는 것을 말합니다. 작성자가 전달하고 싶은 내용을 전달하는 것이 아니라 독자가 원하는 정보가 무엇인지 생각해서 필요한 정보를 독자가 알 수 있는 용어로 전달하는 것이지요.

독자가 이해하기 어려운 전문 용어는 피하고 특정 집단만 이해할 수 있는 은어나 줄임말 등도 쓰지 않아야 합니다. 특히 독자층이 넓은 서비스 가이드를 써야 한다면, 한자어나 외국어를 되도록 사용하지 않고 쉽게 이해할 수 있는 우리말로 순화해야 합니다.

다음은 일반 사용자라면 알기 어려운 전문 용어를 사용한 예입니다.

예문

> 사용자가 입력한 파라미터 값에 에러가 발생했을 때 나타나는 에러 코드입니다.

'파라미터 값'이라는 표현은 일반 사용자가 꼭 알아야 하는 표현은 아닙니다. 꼭 '파라미터 값'이라고 써야 한다면 그것이 무엇인지 풀이도 함께 적어야 합니다.

예문을 사용자가 알기 쉽게 풀어 써 보면 다음과 같습니다.

> 사용자 입력 값이 잘못되었을 때 나타나는 오류 코드입니다.

쉬운 글을 쓰려면 용어나 표현부터 쉽게 바꿔야 합니다. 되도록 우리말을 쓰고 한자나 외국어를 남용하지 않게 주의합니다.

> 서비스의 기술 문의 엔트리 포인트는 클라이언트팀 소속입니다.

'엔트리 포인트'는 '입구'나 '진입 지점'을 의미하는 말입니다. 예문에서 '기술 문의 엔트리 포인트'는 '기술 문의 담당자'를 뜻합니다. '엔트리 포인트'를 대체할 수 있는 우리말이 없거나, 우리말로 대체했을 때 이해하기 더 어려운 것이 아니므로 '기술 문의 담당자'로 사용하는 것이 자연스럽고 이해하기 쉽습니다.

> 서비스 기술 문의 담당자는 클라이언트팀 소속입니다.

좀 더 다듬으면 다음과 같습니다.

서비스 기술 문의는 클라이언트팀으로 해 주시기 바랍니다.

서비스 기술 문의는 클라이언트팀으로 해 주세요.

몇 가지 예를 더 보겠습니다.

예문 회원 가입 방법

화면 GNB 메뉴 우측의 **회원 가입**을 클릭합니다.

예문에서 GNB는 특정 분야에 있는 사람만 알 수 있는 약어입니다. GNB는 'Global Navigation Bar'의 약자로, 어느 페이지에서든 공통으로 사용할 수 있는 메뉴 영역을 의미합니다. 보통 회원 가입, 로그인 등의 정보를 GNB에 배치합니다. 그런데 회원 가입을 하려는 사용자는 굳이 GNB라는 용어를 알 필요가 없습니다. 그냥 클릭해야 하는 회원 가입 메뉴 위치만 알면 되기 때문이지요.

누구나 알아보기 쉽게 바꾸면 다음과 같습니다.

수정안 회원 가입 방법

화면 오른쪽 위에 있는 **회원 가입**을 클릭합니다.

13 용어와 약어를 쓸 때는 풀이를 쓴다

기술 문서를 작성할 때 어떤 기준으로 단어를 선택해야 하는지 알아보고 특히 전문 용어와 약어를 쓸 때 유의해야 할 점을 살펴보겠습니다.

용어와 용어 풀이법

용어의 정의

용어는 일정 분야에서 쓰는 말을 뜻합니다. 그중에서도 특정 분야에서만 쓰는 용어를 '전문 용어'라고 합니다.

일반 독자를 대상으로 글을 쓸 때는 되도록 전문 용어를 쓰지 말고 일반적인 말로 풀어 쓰는 것이 좋습니다. 전문 용어를 쓰면 글을 읽기 전에 이미 어렵다는 선입견을 가질 수 있기 때문입니다.

비슷한 분야에서 보편적으로 사용하는 용어가 있다면, 새로 용어를 정의해 만들지 말고 이미 사용 중인 용어를 사용합니다.

용어 풀이 방법

용어를 쉽게 이해할 수 있도록 설명하는 예를 살펴보겠습니다.

스니퍼는 스니핑을 할 수 있는 도구를 말합니다.

'스니퍼'가 무엇인지 정의한 글입니다. '스니퍼'가 무엇인지 알려면 '스니핑'을 알아야 하는데 '스니핑' 역시 전문 용어라 알기 어렵습니다.

스니핑(sniffing)을 할 수 있는 도구를 스니퍼(sniffer)라고 한다. 스니핑은 해킹 기법의 하나로, 네트워크에서 상대방의 패킷 교환을 엿듣는 것을 의미한다. 이렇게 스니핑을 할 수 있는 도구를 스니퍼라 한다.

웹 문서에서 용어 풀이를 할 경우

웹 문서일 때는 다음과 같이 별도 용어집 페이지를 만들면 편리합니다.

▲ AWS(Amazon Web Service)의 용어와 풀이만 따로 모아 놓은 AWS 용어집 페이지

용어집 페이지를 만들어 두고 다른 페이지에서 전문 용어가 나오면 용어집으로 이동할 수 있게 링크를 추가하면 됩니다.

다음은 Microsoft .NET 설명서 중 Docker 용어를 모은 페이지 예입니다.

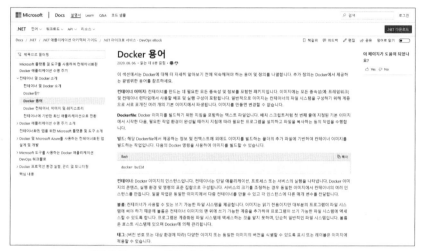

▲ Microsoft .NET 설명서 중 Docker 용어 페이지

인쇄용 문서라면 용어가 나올 때 바로 풀이를 넣거나 각주 형태로 넣을 수도 있습니다.

약어와 약어 풀이법

약어는 단어의 의미를 원래의 어형보다 간략하게 표시한 '준말'입니다. 기술 문서에서 약어를 사용할 일은 많습니다. 같은 분야의 독자를 대상으로 쓴다면 약어를 별다른 설명 없이 사용해도 괜찮지만, 문서에서 다루는 분야를 깊이 알

지 못하는 사람까지 독자로 삼을 때는 약어를 풀이와 함께 일관되게 사용해야 합니다

약어는 맨 처음 나올 때 풀이한다

약어 풀이는 문서에서 약어가 처음 나올 때 해야 합니다. 또한, 같은 약어라도 분야마다 다르게 사용할 수 있으므로 문서에서 다루는 분야에서 어떤 의미로 사용하는지를 명확하게 알 수 있어야 합니다.

예를 들어 보겠습니다.

> IAP 의존도가 높아지고 있습니다.

IAP 약어를 풀이 없이 사용한 문장입니다.

모바일 앱에 익숙한 대다수 독자는 IAP를 'in-app purchase(인앱 구매)' 약어라고 생각할 겁니다.

Play 인앱 결제로 디지털 상품 판매

획득   개발

Google Play 인앱 결제를 사용하여 앱이나 게임에서 인앱 구매 항목(IAP)을 판매할 수 있습니다.

▲ '인앱 구매 항목'의 의미로 사용된 IAP

하지만 구글 클라우드_{Google Cloud}에서는 IAP가 보안 및 ID 제품이기도 합니다. 정확히는 'Cloud Identity-Aware Proxy(Cloud IAP)'입니다.

ID와 컨텍스트를 사용하여 앱 및 VM에 로그인

Cloud Identity-Aware Proxy(Cloud IAP)는 Google Cloud Platform(GCP)에서 실행되는 클라우드 애플리케이션 및 VM에 대한 액세스를 제어합니다. Cloud IAP는 사용자 ID와 요청의 컨텍스트를 확인하여 사용자에게 애플리케이션 또는 VM 액세스 권한을 부여해야 하는지 여부를 판단합니다. Cloud IAP는 전 직원이 VPN을 사용하지 않고도 신뢰할 수 없는 네트워크에서 업무를 처리할 수 있게 하는 엔터프라이즈 보안 모델인 BeyondCorp의 기본 구성요소입니다.

▲ 보안 및 ID 제품의 의미인 IAP

이처럼 같은 약어지만 제품이나 서비스에 따라 풀이가 다를 수 있습니다. 약어는 준말이면서 전문 용어일 때도 많습니다. 약어 풀이만으로 의미를 모두 전달하기 어려울 때는 다음 예와 같이 설명도 추가합니다.

인앱 구매(IAP, in-app purchase)는 일부 앱 안에서 추가 콘텐츠나 서비스를 유료로 결제해 구매하는 것을 뜻합니다. 인앱 구매 항목의 예는 다음과 같습니다.
- 게임에서 공격력을 높여주는 무기
- 구매 시 사용할 수 있는 온라인 머니 등

약어 풀이를 하지 않아도 되는 예

　대상 독자 대부분이 쉽게 알 수 있는 약어라면 풀이를 쓰지 않아도 됩니다.
다음과 같이 널리 사용하는 약어라면 풀이 없이 약어만 쓰면 됩니다.

- PC
- PDF
- HTML
- IP

14 용어는 일관되게 사용한다

테크니컬 라이팅에서는 용어나 표현을 일관되게 사용하는 것이 중요합니다. 같은 어휘를 반복해서 사용하는 것이 지루하고 식상하게 느껴지지 않을까 걱정하지 않아도 됩니다.

테크니컬 라이팅은 정보를 빠른 시간 안에 전달하는 것이 목적입니다. 따라서 독자가 혼동하지 않도록 최대한 단순하고 일관되게 작성해야 합니다. 예를 보겠습니다.

> KM 클라우드 스토리지를 사용하면 자체 데이터 저장소 인프라를 구매하거나 관리할 필요 없이 언제 어디서든 데이터를 액세스할 수 있는 스토리지를 손쉽게 구매하고 확장할 수 있습니다.

'스토리지'와 '저장소'는 사실 같은 말입니다. '저장소'를 영어로 표현하면 '스토리지'이므로 둘 중에 하나로 통일해 사용해야 합니다. 어떤 문서 앞부분에서는 '저장소'라고 한 것을 뒷부분에서는 '스토리지'라고 하면 이것이 같은 것을 말하는 것인지 단번에 파악하기 어렵습니다. 한 번 더 생각하면 스토리지와 저장소가 같은 뜻인지 알 수 있지만 독자가 0.1초라도 더 생각하게 만들지 않아야 합니다. 예를 더 살펴보겠습니다.

> 인스턴스의 보안 그룹 ID를 지정합니다.
> 로드 밸런서에 연결된 시큐리티 그룹에는 instance와 통신할 수 있는 규칙이 있어야 합니다. 콘솔에서 Load balancer를 만들 수 있습니다.

인스턴스, 보안 그룹, 로드 밸런서 등을 서로 다르게 표현할 것을 볼 수 있습니다. 일관성 있게 수정해야 할 용어를 정리하면 다음과 같습니다.

- 보안 그룹, 시큐리티 그룹
- 인스턴스, instance
- 로드 밸런서, Load balancer

혼용하고 있는 용어나 표현이 있는지 확인하고 표준을 정해 일관되게 사용합니다. 되도록 한글로 사용하는 것을 권장하며, 한글로 사용하기 어렵다면 음차[2]해서 사용합니다.

용어의 권장 표현은 다음과 같습니다.

- 보안 그룹
- 인스턴스
- 로드 밸런서

---

2 음차(音借)란 어떤 언어의 소리를 그 언어에서 사용하지 않는 다른 문자로 표기하는 일을 말합니다.

용어나 표현을 일관되게 사용했는지 확인할 때는 그림의 텍스트도 반드시 확인해야 합니다.

설명 방법도 일관성을 유지한다

앱 가이드에서 다음 문장을 만났습니다.

- 화면에서 캘린더 앱을 선택합니다.
- 화면에서 캘린더 앱을 누릅니다.
- 화면에서 캘린더 앱을 탭합니다.
- 화면에서 캘린더 앱을 터치합니다.

앱을 선택하고, 누르고, 탭하고, 터치하는 것은 모바일 환경에서 모두 같은 동작을 나타냅니다. 같은 동작을 가리키는데도 쓰는 사람에 따라, 쓰는 시기에 따라 표현이 달라지곤 합니다.

용어뿐 아니라 동작을 설명할 때도 같은 동작이라면 같은 표현을 사용하는 것이 좋습니다.

그럼 어떤 표현을 선택해야 할까요.

표현 중 어느 것을 선택해도 괜찮습니다. 중요한 것은 하나를 정했다면 일관되게 사용해야 한다는 것입니다.

널리 사용하는 휴대폰 브랜드의 매뉴얼을 보면 각기 다른 표현을 사용하고 있지만 한 매뉴얼 안에서는 일관되게 사용하는 것을 볼 수 있습니다.

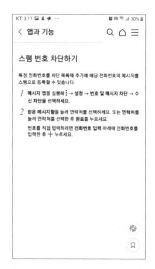

스팸 번호 차단하기

특정 전화번호를 차단 목록에 추가해 해당 전화번호의 메시지를
스팸으로 등록할 수 있습니다.

1. 메시지 앱을 실행해 ⋮ → 설정 → 번호 및 메시지 차단 → 수
   신 차단을 선택하세요.

2. 받은 메시지함을 눌러 연락처를 선택하세요. 또는 연락처를
   눌러 연락처를 선택한 후 완료를 누르세요.

   번호를 직접 입력하려면 전화번호 입력 아래에 전화번호를
   입력한 후 ＋ 누르세요.

메시지 삭제하기

1. 메시지 앱을 실행해 대화를 선택하세요.

2. 메시지 목록 화면에서 원하는 연락처를 선택하세요.

3. 삭제할 메시지를 길게 누른 후 삭제를 누르세요.

   여러 개의 메시지를 한 번에 삭제하려면 추가로 삭제할 메
   시지를 선택해 체크하세요.

4. 삭제를 누르세요.

메시지 보내기

해외에서 메시지를 발신할 경우 추가 요금이 발생할 수
있습니다.

1. 메시지 앱을 실행해 ○ 누르세요.

2. 수신인과 메시지 내용을 입력하세요.

   소리를 녹음해 전송하려면 ○ 누른 상태에서 녹음한 후 손
   가락을 떼세요. 음성 녹음 아이콘은 키보드가 가려져 있을
   때에만 나타납니다.

3. ○ 눌러 메시지를 전송하세요.

메시지 확인하기

수신한 메시지는 보낸 사람별로 확인할 수 있습니다.

해외에서 메시지를 수신할 경우 추가 요금이 발생할 수
있습니다.

1. 메시지 앱을 실행해 대화를 선택하세요.

2. 메시지 목록 화면에서 원하는 연락처를 선택하세요.

3. 주고받은 메시지를 확인하세요.

   메시지에 답장을 보내려면 메시지를 입력하세요를 눌러 메
   시지 내용을 입력한 후 ○ 누르세요.

   글자 크기를 조절하려면 화면을 두 손가락으로 누른 뒤 펴
   거나 오므리세요.

▲ 삼성 Galaxy On7 Prime 스마트폰의 메시지 기능 매뉴얼

15　쉽게 쓴다

　기술 문서는 쉽게 써야 합니다. 개념도 복잡한 데다가 어려운 용어가 자주 등장하는 문서인데 설명까지 어렵고 장황하면 내용을 파악하기 더욱 어려워집니다.

　문서라고 해서, 형식적으로 써야 한다고 해서 평소에 잘 쓰지 않는 한자어를 쓰거나 문장을 길게 써야 하는 것이 아닙니다.

　분명 알고 있는 내용인데도 글로 쓸 때는 더 어려운 문장을 만들게 됩니다. 이때는 옆 사람에게 말하듯이 써 보세요.

　다음은 같은 사용법을 설명한 문장입니다. 왼쪽과 오른쪽 중 일상에서 말하듯 쓴 문장은 오른쪽 문장입니다. 말하듯이 작성한 문장은 대체로 더 쉽고 간결해집니다.

화면 상단 우측 위에 위치해 있는 x 버튼을 클릭하면 창이 닫히는 것을 확인할 수 있습니다.

화면 오른쪽 위에 있는 x 버튼을 클릭하면 창이 닫힙니다.

▲ 문장 사용법

몇 가지 예를 살펴보겠습니다.

KM 포장 주문 서비스를 사용하면 귀하의 집의 위치를 기반으로 근거리에 있는 식당의 메뉴를 쉽게 주문할 수 있습니다.

말로 할 때라면 잘 쓰지 않는 '귀하의', '근거리에 있는' 등의 말을 정리해 쉬운 표현으로 수정합니다.

KM 포장 주문 서비스를 사용하면 집에서 가까운 식당의 음식을 쉽게 주문할 수 있습니다.

문장이 짧을수록 더 쉽게 느껴집니다. 꼭 필요한 내용만 남기고 최대한 문장을 짧게 줄이면 좋습니다.

비슷한 내용을 줄이고 꼭 필요한 내용만 남겨 짧고 쉬운 문장을 만들어 보세요.

내용 검수는 검수 가이드를 바탕으로 하여 검수 절차와 검수 지침에 따라 진행하게 됩니다.

검수 절차와 검수 지침은 '검수 가이드'에 모두 포함되는 내용입니다. '검수는 '검수 가이드'에 따라 한다'라는 내용만 남겨도 충분합니다.

수정안

검수 가이드에 따라 내용을 검수합니다.

개발자를 위한
글쓰기 가이드

5장

시각화 요소로
가독성 높이기

시각 자료를 사용하면 정보를 오래 기억할 수 있고 더욱 쉽게 이해할 수 있습니다. 문장으로 길게 설명하는 것보다 그림 하나를 보여 주는 것이 빠를 때도 많습니다. 5장에서는 상황에 맞게 시각화 요소를 활용하는 법을 알아봅니다.

16 적합한 시각 자료를 활용한다

시각 자료는 글로만 표현하기 어려운 생각을 표출하거나 전달할 때 활용하면 좋습니다. 시각 자료를 활용하면 제시한 정보를 보다 명확하게 표현할 수 있으며 글로만 된 문서보다 더 읽고 싶은 문서를 만들 수 있습니다.

특히 서비스나 제품을 처음 사용하는 독자를 대상으로 한 문서라면 긴 설명보다 화면을 캡처한 스크린숏을 넣는 것이 효과적일 때가 많습니다.

또한 복잡한 절차를 단계별로 수행하는 방법을 설명할 때도 시각적으로 확인할 수 있게 구성하면 좋습니다.

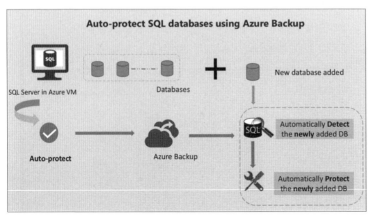

▲ Azure 가이드 중 구성을 시각화한 예(출처: https://bit.ly/2N0kPxw)

시각 자료에는 표, 그림, 차트 등 여러 종류가 있습니다. 목적에 따라 어떤 시각 자료를 활용할지 정하고 미리 계획하면 좋습니다.

기술 문서에서 시각 자료를 주로 사용하는 경우를 정리하면 다음과 같습니다.

- 그림이 없으면 설명이 복잡하고 길어지는 경우
- 복잡한 설정이 필요한 경우
- 화면을 가리키면서 정보를 제공해야 하는 경우

그림 외에 표나 목록을 활용하는 것도 좋습니다. 다음 예를 살펴볼까요?

예문 **KM 클라우드 ID 서비스 요금**

> 요금 종류에는 탄력 요금제와 약정 요금제 두 가지로 구분됩니다.
> 탄력 요금제는 각 계정에 매달 일정 금액이 청구되는 요금제이고 중도 해지 시에도 위약금이 없습니다. 탄력 요금제는 인력이 자주 바뀌는 조직에 좋습니다.
> 약정 요금제는 약정 기간에 해당하는 금액이 청구되는 요금제이고 중도 해지 시에도 약정한 금액은 모두 내야 합니다. 인력이 거의 바뀌지 않는 조직에서 사용하면 좋습니다.
> 각 요금제 비용은 다음과 같습니다.
> 탄력 요금제는 매월 사용자당 월마다 5천원을 지불해야 하며, 약정 요금제는 1년을 기준으로 했을때 계정당 20%가 할인이 된 4천원이 청구됩니다.

항목이 두 가지로 구분되고 대등한 내용이 이어집니다. 이럴 때는 다음과 같이 목록으로 바꾸면 가독성이 높아집니다.

KM 클라우드 ID 서비스 요금제는 다음 두 가지입니다.

요금제 유형

• 탄력 요금제

  각 계정에 매달 일정 금액이 청구됩니다. 중도 해지 시에도 위약금이 없습니다. 인력이 자주 바뀌는 조직에서 사용하면 좋습니다.

• 약정 요금제

  약정 기간의 요금이 청구됩니다. 중도에 해지해도 약정한 금액은 모두 지불해야 합니다. 인력이 거의 바뀌지 않는 조직에서 사용하면 좋습니다.

가격

• 탄력 요금제: 매월 사용자당 5천원

• 약정 요금제: 1년 약정 시 매월 사용자당 4천원

목록 대신 다음과 같이 표를 사용해도 좋습니다.

	탄력 요금제	약정 요금제
설명	매달 일정 금액을 계정당 청구 중도 해지 시 위약금 없음	약정 기간의 요금을 계정당 청구 중도에 해지해도 약정 기간 만큼의 비용을 모두 지불해야 함
가격	매월 사용자당 5천원	매월 사용자당 4천원(1년 약정 기준)
권장	인력 변동이 많은 조직	인력 변동이 적은 조직

상황에 따라 목록, 표, 그림, 차트 등을 어떻게 사용하면 좋을지 항목별로 좀 더 자세히 살펴보겠습니다.

17 목록을 사용해 정리한다

목록에는 점 목록과 번호 목록이 있습니다. 점 목록은 순서와 상관없는 항목을 나열할 때 쓰고 번호 목록은 단계별로 순서를 나타내거나 그림에 번호를 매기고 번호별로 설명할 때 사용합니다.

점 목록과 번호 목록을 사용하는 구체적인 예를 살펴보겠습니다.

점 목록

문장 안의 여러 항목을 순서 상관없이 나열할 때 점 목록을 사용하면 가독성이 높아집니다.

예문

> KM 클라우드는 누구나 쉽게 사용할 수 있는 통합 클라우드 서비스입니다.
> 많은 조직에서 N 클라우드 서비스로 전환하는 주요 이유는 총 5가지로, 비용을 절감할 수 있고 속도를 높일 수 있으며, 원하는 만큼 리소스를 사용할 수 있기 때문입니다. 또한 하드웨어를 정기적으로 업그레이드하여 뛰어난 성능을 유지할 수 있으며, 최고의 보안 서비스를 제공하기 때문입니다.

예문에서는 KM 클라우드 서비스로 전환해야 하는 주요 이유를 여러 개 나열합니다. 항목이 여러 개다 보니 한눈에 내용을 파악하기 어렵습니다. 점 목록을 사용해 구성을 바꿔 보면 다음과 같습니다.

수정안

KM 클라우드는 누구나 쉽게 사용할 수 있는 통합 클라우드 서비스입니다.
KM 클라우드 서비스로 전환해야 하는 주요 이유 5가지는 다음과 같습니다.

- 비용 절감
- 빠른 속도
- 뛰어난 리소스 확장성
- 높은 성능 유지
- 최고의 보안 보장

주요 이유 5가지가 무엇인지 쉽게 파악할 수 있습니다.

점 목록을 쓸 때는 각 항목의 성격이 대등해야 합니다. 의미상 어떤 항목이 다른 항목에 종속된다면 같은 수준의 점 목록을 사용하시 않아야 합니다.

일관성 있게 사용한다

점 목록을 사용할 때는 각 항목이 문법적으로 일관성이 있어야 합니다.
다음 예를 보겠습니다.

목록 1	목록 2
• 사과	• 사과
• 딸기	• 딸기입니다.
• 배	• 배

목록 1은 모두 단어로 돼 있습니다. 목록 2는 단어, 문장 등이 섞여 있습니다. 목록을 쓸 때는 '목록 1'처럼 목록의 항목을 같은 형식으로 나열해야 가독성이 높아지고 일관성도 유지됩니다.

점 목록을 남발하지 않는다

일반 문장으로 풀어 써야 하는 곳에 점 목록을 습관처럼 사용하지 않아야 합니다.

예문 N 데이터베이스 서비스

• N 데이터베이스 서비스를 사용하면 복잡한 설정 없이 편리하게 관계형 데이터베이스를 사용할 수 있습니다.
• 가장 먼저 해야 할 일은 N 데이터베이스 서비스를 활성화하는 일입니다.
• N 데이터베이스 서비스를 활성화하는 방법은 다음과 같습니다.

예문의 점 목록 내용은 N 데이터베이스 개념을 설명하는 것입니다. 각 점 목록이 대등한 관계가 아니므로 이럴 때는 점 목록을 사용하는 것이 적절하지 않습니다.

수정안 N 데이터베이스 서비스

> N 데이터베이스 서비스를 사용하면 복잡한 설정 없이 편리하게 관계형 데이터베이스를 사용할 수 있습니다. N 데이터베이스 서비스를 사용하려면 먼저 서비스를 활성화해야 합니다.
> N 데이터베이스 서비스를 활성화하는 방법은 다음과 같습니다.

점 목록을 사용하면 문서를 읽기 편해지고 보기에도 좋으므로 제품의 장점, 주요 특징 등을 나열할 때 특히 사용하면 좋습니다. 다만 목록 형식이 적당하지 않은 곳에서도 점 목록을 과하게 사용하지 않게 유의해야 합니다.

번호 목록

번호 목록은 순서가 중요할 때 사용합니다.

'Google Play나 App Store에서 설치할 게임을 검색해 선택하고 **설치** 버튼을 누르면 게임이 설치된'라는 식으로 순서가 있는 작업을 설명할 때 사용합니다.

예문 인증서 관리

> Firebase에서 API 키를 생성하면 먼저 Firebase 콘솔에 접속해야 합니다. CREATE NEW PROJECT를 클릭하고 프로젝트 이름과 정보를 입력합니다. …

예문은 파일을 저장하는 절차를 설명한 것입니다. 순서가 정해져 있으므로 번호 목록으로 수정해 보겠습니다.

수정안 인증서 관리

> Firebase API 키 생성 방법은 다음과 같습니다.
>
> 1. Google Firebase 콘솔에 접속합니다.
> 2. CREATE NEW PROJECT를 클릭합니다.
> 3. 프로젝트 이름과 정보를 입력합니다.
> ...

다음은 실제 제품 가이드에 적용한 사례입니다.

캘린더 설정

1. 컴퓨터에서 Google 캘린더 ☑ 를 엽니다.
2. 오른쪽 상단에서 설정 ⚙ > **설정**을 클릭합니다.
3. 설정을 변경합니다. 모든 변경사항은 자동으로 저장됩니다.

캘린더 간격 및 색상 설정 변경

페이지에서 일정과 캘린더 정보 간 간격을 변경할 수 있습니다.

1. 컴퓨터에서 Google 캘린더 ☑ 를 엽니다.
2. 오른쪽 상단에서 설정 ⚙ > **밀도 및 색상**을 클릭합니다.
3. **화면 자동 맞춤** 또는 **좁게**를 선택합니다. '좁게'를 선택하면 테두리가 가늘어지고 간격이 좁아집니다.자동 맞춤 모드에서는 캘린더의 일정 밀도가 화면 크기에 맞추어 표시됩니다.
4. 색상 설정을 변경하려면 **모던** 또는 **기본**을 선택합니다.

▲ 캘린더 설정 변경하기(출처: https://support.google.com/calendar/answer/6084644?hl=ko&ref_topic=3417971)

18 스크린숏으로 이해도를 높인다

사용자 가이드에서 많이 사용하는 시각 자료는 화면을 캡처한 스크린숏입니다. 복잡한 대화 상자에서 특정 부분을 가리켜야 할 때나 전체 화면 구성 UI를 설명해야 할 때 스크린숏을 활용하면 좋습니다.

문서에 스크린숏을 넣을 때 유의할 점을 소개합니다.

꼭 필요할 때만 넣는다

간단한 절차 설명이나 입력할 내용이 복잡하지 않을 때는 대화 상자나 화면 스크린숏을 넣지 않아도 됩니다.

'Word에서 새 문서를 만들려면 메뉴에서 **파일 〉 새로 만들기**를 클릭합니다.'라는 단순한 설명이라면 스크린숏을 넣지 않아도 됩니다.

필요한 부분만 잘라서 넣는다

필요한 부분만 캡처해서 넣습니다. 특히 화면의 텍스트를 참고해야 할 때는 텍스트가 잘 보이게 해야 합니다.

다음은 **Excel 옵션** 대화 상자에서 눈금선을 숨기는 방법을 설명하면서 사용한 스크린숏입니다.

눈금선을 숨기려면 **Excel 옵션** 대화 상자의 고급에서 눈금선 표시를 선택 해제합니다.

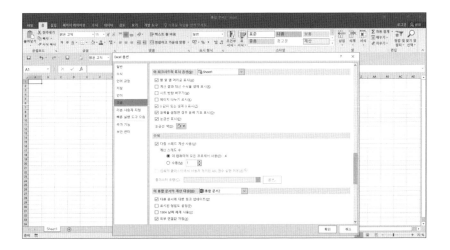

화면 전체 스크린숏을 넣으면 '눈금선 표시' 옵션을 찾는 데 시간이 걸립니다. 다음과 같이 필요한 부분만 자른 스크린숏으로 수정하면 좋습니다.

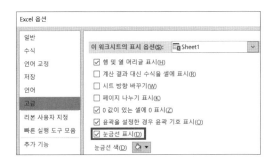

캡처 환경을 통일한다

프로그램이나 운영체제를 캡처할 때는 최신 버전에서 캡처합니다.

여러 사람이 같은 문서에 넣을 화면을 캡처할 때는, 색상표를 똑같이 맞추고 캡처해야 일관성을 유지할 수 있습니다.

그림 크기를 일관되게 지정한다

온라인 문서에 그림을 넣을 때는 화면에서 편하게 볼 수 있게 너비를 일정 크기 이하(예: 800px)로 제한하는 것이 좋습니다.

절차 설명에 그림을 사용할 때는 같은 너비로 그림을 넣거나, 같은 비율로 축소해서 넣습니다. 이렇게 하면 보다 정돈된 느낌의 문서를 만들 수 있습니다.

입력값을 채우고 캡처한다

대화 상자를 캡처할 때는 입력 상자에 값을 입력한 다음 캡처합니다. 사용자에게 중요한 것은 대화 상자가 어떻게 생겼느냐가 아니라 대화 상자 안에 어떤 입력값을 넣는가입니다.

스크린숏 위에 텍스트를 추가하지 않는다

복잡한 그림에서 특정 부분만 강조할 때, 시스템 구성도에서 각 부분의 이름을 알려 줄 때 그림에 텍스트를 넣거나 강조 표시 테두리를 추가합니다.

그림에 텍스트를 넣을 때는 나중에 수정할 것을 고려해 그림 안에 텍스트를 넣지 않는 것이 좋습니다.

읽기 설정	보기 설정	쓰기 설정	위젯 설정

메일을 편리하게 읽을 수 있도록 설정을 변경합니다.

메일 첫 화면 설정	받은메일함 ∨
	선택한 메일함이 첫 화면으로 표시되고 새 메일에만 설정한 내용이 적용됩니다.
새 메일 통수 표시	○ 받은메일함 + 내메일함의 새메일 모두 표시 ● 받은메일함의 새 메일만 표시
	NHN 메일, MyNext 첫 화면 등에 표시되며 변경된 설정은 새 메일 도착, 확인, 삭제 시에 적용됩니다.
메일 글꼴 설정	나눔고딕 ∨
새 창으로 메일 읽기	● 사용함 ○ 사용 안 함
	[메일 목록만 보기]에서 새 메일을 선택했을 때만 설정한 내용이 적용됩니다.
메일 삭제/이동 후 화면 표시	● 메일 목록 보기 ○ 이전 메일 보기 ○ 다음 메일 보기
	메일 읽기 화면에서 메일을 삭제하거나 이동한 후의 동작을 설정합니다.

[기본 설정으로] ← 클릭하면 기본 설정으로 돌아갑니다. [확인] [취소]

▲ 그림에 직접 텍스트를 넣은 예

텍스트를 그림에 직접 넣으면 텍스트를 수정하거나 다른 언어로 번역해야
할 때 번거롭고 비용이 많이 듭니다. 텍스트를 넣어야 한다면 그림 바깥에 넣
습니다.

읽기 설정	보기 설정	쓰기 설정	위젯 설정

메일을 편리하게 읽을 수 있도록 설정을 변경합니다.

메일 첫 화면 설정	받은메일함 ∨
	선택한 메일함이 첫 화면으로 표시되고 새 메일에만 설정한 내용이 적용됩니다.
새 메일 통수 표시	○ 받은메일함 + 내메일함의 새메일 모두 표시 ● 받은메일함의 새 메일만 표시
	NHN 메일, MyNext 첫 화면 등에 표시되며 변경된 설정은 새 메일 도착, 확인, 삭제 시에 적용됩니다.
메일 글꼴 설정	나눔고딕 ∨
새 창으로 메일 읽기	● 사용함 ○ 사용 안 함
	[메일 목록만 보기]에서 새 메일을 선택했을 때만 설정한 내용이 적용됩니다.
메일 삭제/이동 후 화면 표시	● 메일 목록 보기 ○ 이전 메일 보기 ○ 다음 메일 보기
	메일 읽기 화면에서 메일을 삭제하거나 이동한 후의 동작을 설정합니다.

[기본 설정으로]   [확인] [취소]

↑
클릭하면 기본 설정으로 돌아갑니다.

▲ 텍스트를 그림 바깥으로 이동시킨 예

다음과 같이 번역하지 않아도 되는 숫자나 알파벳으로 영역을 구분하고 텍스트는 그림 바깥에 적는 방법을 권장합니다.

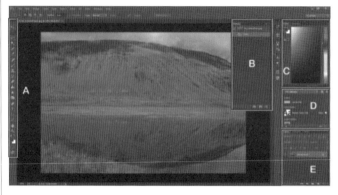

Photoshop 작업 영역 살펴 보기

A: 도구 패널| B: 작업 내역 패널 | C: 색상 패널 | D: Creative Cloud 라이브러리 패널 | E: 레이어 패널

▲ 영역을 구분해서 지시어로 표기하고 영역 설명은 그림 외부에 텍스트로 적는다.

예에서는 A, B, C, D, E로 영역을 구분하고 그림 아래에 설명을 자세하게 추가하는 방법을 사용했습니다.

19 정보를 비교할 때는 표를 활용한다

표를 사용하면 복잡한 정보도 한눈에 확인할 수 있게 구조화할 수 있습니다. 여러 제품의 장단점을 항목별로 비교할 때, 옵션별로 간단한 설명을 적을 때 사용하면 가독성을 높일 수 있습니다.

다음은 AWS, Azure, Google Cloud Platform의 클라우드 서비스의 제품별 이름을 정리한 표입니다.

PRODUCT	aws	Microsoft Azure	Google Cloud Platform
Virtual Servers	Instances	VMs	VM Instances
Platform-as-a-Service	Elastic Beanstalk	Cloud Services	App Engine
Serverless Computing	Lambda	Azure Functions	Cloud Functions
Docker Management	ECS	Container Service	Container Engine
Kubernetes Management	EKS	Kubernetes Service	Kubernetes Engine
Object Storage	S3	Block Blob	Cloud Storage
Archive Storage	Glacier	Archive Storage	Coldline
File Storage	EFS	Azure Files	ZFS / Avere
Global Content Delivery	CloudFront	Delivery Network	Cloud CDN
Managed Data Warehouse	Redshift	SQL Warehouse	Big Query

▲ 클라우드 서비스의 제품별 이름(출처: https://www.cloudhealthtech.com/blog/aws-vs-azure-vs-google)

시스템 최소 요구 사항과 권장 사항을 표현할 때나, 버전별 서비스나 제품을 비교할 때도 표를 활용합니다.

시스템 사양을 글로만 설명한 예

최소 사양

- 운영체제: 64-bit Windows 7, Windows 8, Windows 10

- 프로세서: Intel Core i3 / AMD Phenom X3 8605

- 비디오: NVIDIA GeForce GTX 460, ATI Radeon HD 4805 또는
  Intel HD Graphics 4400

- 메모리: 4GB RAM

- 용량: 30GB 이상의 하드 드라이브 여유 공간

- 인터넷: 광대역 인터넷 연결

- 매체: 디지털 다운로드 및 설치 디스크 사용 시 DVD-ROM 드라이브
  필요

- 해상도: 최소 1024×768 디스플레이 해상도

권장 사양

- 운영체제: 64-bit Windows 7, Windows 8, Windows 10

- 프로세서: Intel Core i5 또는 AMD Phenom II X3 또는 그 이상

- 그래픽: NVIDIA GeForce GTX 660, AMD Radeon HD 7950 또는
  그 이상

- 메모리: 6GB RAM

- 용량: 30GB 이상의 하드 드라이브 여유 공간

- 인터넷: 광대역 인터넷 연결

- 매체: 디지털 다운로드 및 설치 디스크 사용 시 DVD-ROM 드라이브 필요

- 해상도: 최소 1024×768 디스플레이 해상도

시스템 사양을 표로 설명한 예

	최소 사양	권장 사양
운영체제	윈도우® 7 / 윈도우® 8 / 윈도우® 10 64-bit (최신 서비스팩) 32비트 운영체제는 지원하지 않습니다	윈도우® 7 / 윈도우® 8 / 윈도우® 10 64-bit (최신 서비스팩) 32비트 운영체제는 지원하지 않습니다
프로세서	Intel® Core™ i3 또는 AMD Phenom™ X3 8650	Intel® Core™ i5 또는 AMD Phenom™ II X3 또는 그 이상
비디오	NVIDIA® GeForce® GTX 460, ATI Radeon™ HD 4850, 또는 Intel® HD Graphics 4400	NVIDIA® GeForce® GTX 660 또는 AMD Radeon™ HD 7950 또는 그 이상
메모리	4 GB RAM	6 GB RAM
용량	30 GB 이상의 하드 드라이브 여유 공간	
인터넷	광대역 인터넷 연결	
매체	디지털 다운로드 및 설치 디스크 사용 시 DVD-ROM 드라이브 필요	
해상도	최소 1024 x 768 디스플레이 해상도	

▲ 오버워치 시스템 사양(출처: https://kr.battle.net/support/ko/article/65159)

표는 API 속성과 설명을 정리할 때도 유용합니다. 다음은 API 속성과 설명을 표로 표현한 예입니다.

속성과 설명을 표로 표현한 예

<table>
<tr><td colspan="2">속성</td></tr>
<tr><td colspan="2">다음 표는 이 리소스에 표시되는 속성을 정의합니다.</td></tr>
<tr><td colspan="2">속성 이름</td></tr>
<tr><td>kind</td><td>string
API 리소스의 유형입니다. 값은 youtube#guideCategory가 됩니다.</td></tr>
<tr><td>etag</td><td>etag
이 리소스의 Etag입니다.</td></tr>
<tr><td>id</td><td>string
The ID that YouTube uses to uniquely identify the guide category.</td></tr>
<tr><td>snippet</td><td>object
The snippet object contains basic details about the category, such as its title.</td></tr>
<tr><td>snippet.channelId</td><td>string
The ID that YouTube uses to uniquely identify the channel publishing the guide category.</td></tr>
<tr><td>snippet.title</td><td>string
The category's title.</td></tr>
</table>

▲ https://developers.google.com/youtube/v3/docs/guideCategories?hl=ko

표를 사용하면 내용이 정돈되고 원하는 정보를 쉽게 찾을 수 있지만, 그렇다고 개념 설명이나 따라하기 식의 설명을 모두 표로 만들면 오히려 가독성이 떨어질 수 있습니다. 또한 표를 만들고 스타일을 지정하는 데 추가로 시간이 들기 때문에 일반 문장이나 점 목록으로도 충분히 보기 쉽게 내용을 전달할 수 있을 때는 무리해서 표를 사용할 필요가 없습니다.

표가 적합하지 않은 경우

- 표에 행이 1개일 때는 표보다 다른 형식을 고려하는 편이 좋습니다.
- 문장 중간에는 표를 넣지 않습니다.
- 다음과 같이 표 열이 1개일 때는 표보다 목록을 사용합니다.

KM 클라우드 서비스의 주요 특징
쉬운 서버 확장
저렴한 비용
높은 안정성

20 데이터 성격에 맞는 차트를 사용한다

차트는 데이터를 비교하거나 변경 추이를 나타낼 때, 관계를 표시할 때 사용합니다. 다음 기사를 먼저 읽어봅시다.

지난해 글로벌 게임 시장에서 상위 25개 퍼블리셔가 전체 매출의 80%를 차지했다고 영국 게임매체 게임인더스트리가 17일(현지시간) 보도했다.

(중략)

1위는 197억 달러(약 22조 3천억 원)의 매출을 올린 텐센트가 차지했고 소니가 142억 달러(약 16조 800억 원)로 그 뒤를 이었다. 마이크로소프트와 애플은 각각 98억 달러(약 11조 1천억 원)와 95억 달러(10조 7천500억 원)로 3위와 4위에 올랐다. 5위는 69억 달러(약 7조 8천억 원)의 매출을 기록한 액티비전블리자드의 차지였다.
상위 10개 기업 중 소니와 애플, 닌텐도는 유독 높은 성장세를 보였다. 이들 기업은 전년 대비 매출이 각각 41%, 32%, 36% 성장했다.

(후략)

ZDNet Korea: 작년 세계 게임시장 121조...상위 25개사, 80% 점유, 2019/04/18

게임 시장에서 퍼블리셔가 올린 매출을 비교하는 기사입니다. 글로만 돼 있으니 각 회사의 매출과 성장세를 한번에 파악하기 어렵습니다.

이렇게 여러 항목별 데이터를 비교할 때는 다음 그림과 같이 차트를 사용하면 직관적입니다.

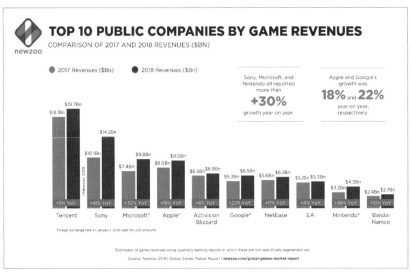

▲ 출처: https://newzoo.com/insights/articles/top–25–public–game–companies–earned–more–than–100–billion–in–2018/

차트 종류는 막대형, 선형, 파이형, 벤다이어그램 등 다양합니다. 문서 작성 도구인 Word에서 **차트** 메뉴를 클릭하면 다음 그림과 같이 선택할 수 있는 차트가 여러 개 나타납니다.

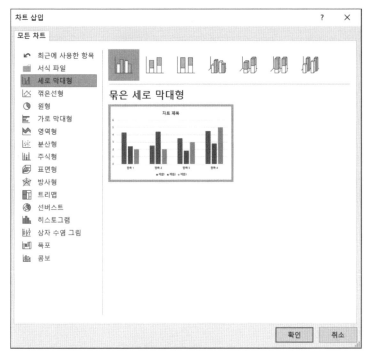

▲ Word에서 삽입할 수 있는 다양한 차트 종류

효과적으로 내용을 전달하려면 데이터 성격에 맞는 차트를 선택해야 합니다. 자주 사용하는 막대형, 파이형, 선형 차트를 예로 살펴보겠습니다.

차트 종류

선형 차트

선형 차트는 데이터 점을 연결한 선으로 구성합니다. 주가 변동과 같은 추이 변화를 나타낼 때, 데이터 간 상관관계를 나타낼 때 많이 사용합니다.

다음은 선형 차트를 사용기 좋은 예입니다.

- 매달 매출 변동이 어떻게 되는지?

- 시간대별 음식점 방문자 수는 어떻게 되는지?

- 출퇴근 거리와 지각률은 상관이 있는지?

예를 들어 음식점 A, B의 일별 방문자 수 추이를 나타내 보면 다음과 같습니다.

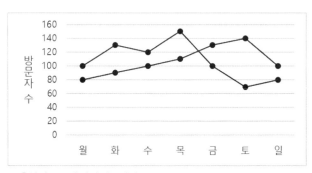

▲ 음식점 A, B의 일별 방문자 수

막대형 차트

막대형 차트는 데이터 여러 개의 관계를 나타내는 데 주로 사용합니다.

막대형 차트의 데이터는 X축과 Y축으로 나눠 구성합니다. X축에는 이미 알고 있는 값을 두고 Y축에는 조사한 데이터를 두는 것이 일반적입니다. 예를 들어 제주도 연중 기온을 나타내고 싶다면 X축에는 이미 알고 있는 '월'을 쓰고 Y축에는 기온을 쓰는 식입니다.

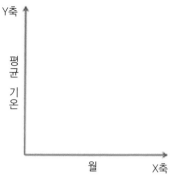

▲ X축과 Y축에 기재할 내용

차트 축 이름 지정

비교할 데이터가 많을수록 선형보다는 막대형을 사용하는 것이 좋습니다. 선형은 연속성이 있는 데이터를 표현할 때 막대형은 연속성이 없는 데이터를 표현할 때 사용하면 효과적입니다.

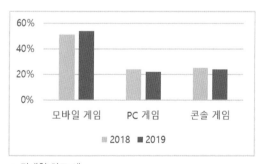

▲ 막대형 차트 예

파이형 차트

파이형 차트는 비교하는 항목이 전체 중 어느 정도, 몇 %를 차지하는지 한눈에 파악하고 싶을 때 사용합니다.

장성구 기자 20201218
트위터 @yonhap_graphics 페이스북 tuney.kr/LeYN1

▲ 파이형 차트의 사용 예

파이형 차트를 그릴 때 주의할 점은 너무 여러 부분으로 나누지 않아야 한다는 것입니다. 6개가 넘어가면 차트가 복잡해져 한눈에 파악하기 어려우므로 이때는 막대 차트를 사용하는 게 낫습니다.

특정 부분만 강조하고 싶다면 그 부분만 파이형 차트에서 떨어지게 표시하면 됩니다.

21 시각 자료를 쓰기 전에 소개부터 한다

"오늘 저녁에 시간 괜찮으세요?"

"잠깐 회의실로 오라시는데요."

이 말을 들으면 어떤 말이 먼저 떠오를까요.

대다수가 "왜?"라고 묻고 싶어질 겁니다.

시각 자료를 넣을 때도 마찬가지입니다. 아무 이유 없이 다짜고짜 본론부터 시작하면 독자는 '왜지? 뭐지?'를 떠올리게 됩니다.

시각 자료 하나가 긴 설명보다 내용을 전달하기에 효과적이라 하더라도 급하게 넣지 말고 어떤 시각 자료를 왜 넣었는지 미리 알려야 합니다.

다음은 이미지를 설명 없이 사용한 예입니다.

독자는 그림을 보고 무엇을 설명하려는지 바로 이해하기 어렵습니다. 대부분 이 그림을 보고 대화 상자에 선택된 항목을 그대로 클릭해 보겠지만 목적을 알 수 없습니다. 이유는 사전에 설명이 없어서입니다. 한두 줄 정도라도 간단하세 설명을 추가해야 합니다.

다음은 그림이 나오기 전에 설명을 추가한 예입니다.

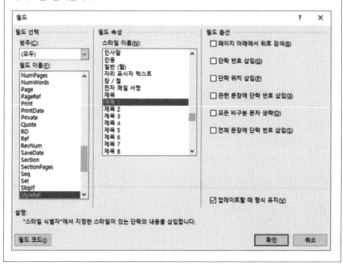

필드 사용 가이드

필드 코드는 문서의 특정 부분을 자동화하는 데 사용할 수 있습니다. 페이지마다 문서 제목을 넣거나 페이지 번호를 넣을 때 활용할 수 있습니다.

필드 넣기

필드를 넣을 위치를 클릭하고 메뉴에서 **삽입 > 빠른 요소 > 필드**를 클릭합니다. 만약 문서에서 '제목 1' 스타일이 지정된 텍스트를 각 페이지의 머리말에 넣으려면 다음 그림과 같이 필드 이름에서 **StyleRef**를 선택하고 필드 속성에서 **제목 1**을 선택합니다.

어떤 맥락으로 그림이 나오는지 미리 확인할 수 있습니다.

특히 화면 캡처 이미지와 함께 단계별로 실행 방법을 설명해야 할 때 설명을 생략하고 캡처 이미지만 나열하지 않도록 유의해야 합니다.

목록도 마찬가지입니다. 다음 목록은 무엇을 나타낸 걸까요.

- 록키
- 시카고
- 타이타닉

몇 가지 짐작은 할 수 있지만 정확한 작성자의 의도는 알 수 없습니다.[1]

작성자의 의도를 미리 알 수 있게 목록을 소개할 때 간단한 문장 하나만 넣어도 충분합니다.

목록을 소개할 때 자주 사용하는 표현은 '다음은 ~입니다.' 또는 '~는 다음과 같습니다.'입니다.

다음은 KM 클라우드 서비스의 주요 특징입니다.
- 쉬운 서버 확장
- 저렴한 비용
- 높은 안정성

목록 소개 예를 하나 더 보겠습니다.

---

[1] '정말 재밌게 본 이 영화들이 아카데미 작품상까지 받았구나!"에 해당하는 저자의 지극히 주관적인 목록

다음은 목록이 나오기 전에 '~ 주요 기능은 다음과 같습니다.'라는 소개 문장을 추가한 예입니다.

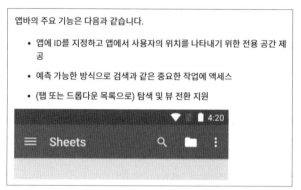

앱바의 주요 기능은 다음과 같습니다.

- 앱에 ID를 지정하고 앱에서 사용자의 위치를 나타내기 위한 전용 공간 제공
- 예측 가능한 방식으로 검색과 같은 중요한 작업에 액세스
- (탭 또는 드롭다운 목록으로) 탐색 및 뷰 전환 지원

▲ Android 개발자 가이드 중(출처: https://developer.android.com/training/appbar?hl=ko-KRhttp)

이미지와 목록뿐 아니라 표, 차트, 샘플 코드가 나올 때도 어떤 의도로 사용했는지 소개하는 것을 잊지 않아야 합니다.

22 시각 자료를 설명하는 캡션을 활용한다

캡션caption이란 문서의 편집 과정에서 삽입된 그림이나 도표, 사진 등의 이해를 돕기 위해 쓰는 간단한 해설문을 말합니다. 보통 처음 나오는 자료를 1번으로 해서 번호를 순차로 붙이고 번호 뒤에 설명을 씁니다.

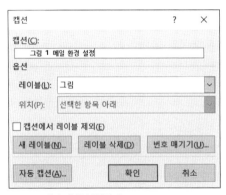

▲ Word에서 캡션 삽입하기

그림 캡션 형식

그림 캡션은 그림 아래에 다음 같은 순서로 넣습니다.

'그림 + 순차 번호 + 그림 내용'

그림 1 메일 환경 설정

▲ 캡션을 넣은 예시

'그림' 뒤에 나오는 숫자는 1번부터 시작해 순서대로 붙일 수도 있고, 장별로 나눠 붙일 수도 있습니다.

그림 1, 그림 2, 그림 3...
그림 1-1, 그림 1-2, 그림 2-1, 그림 2-2...

그림 캡션을 넣을 때는 보통 다음 기준에 따릅니다.

- 그림 캡션은 그림 왼쪽 아래에 넣습니다.
- 그림의 제목은 그림이 나타내는 것을 한눈에 알 수 있게 간단히 적습니다.
- 그림 캡션에는 '굵게' 스타일을 지정하거나 배경색을 본문 텍스트와 다르게 지정합니다.
- 문서 전체에 그림이 5개 이하면 캡션을 생략합니다.
- 온라인 문서일 때는 링크나 검색 기능으로 원하는 그림을 쉽게 찾을 수 있으므로 그림 캡션을 생략합니다.

표 캡션과 스타일

표가 많을 때는 표 번호와 제목으로 된 캡션을 붙여 쉽게 구분할 수 있게 합니다. 또한 표의 가독성을 높이기 위해 제목과 본문 스타일을 다르게 적용합니다.

표 캡션을 넣을 때는 보통 다음 기준에 따릅니다.

- 표 캡션은 표가 나오기 전 왼쪽 위에 넣습니다.
- 표의 제목은 표의 주제를 한눈에 알 수 있게 간단하게 적습니다.
- 온라인 문서일 때는 링크나 검색 기능으로 원하는 표를 쉽게 찾을 수 있으므로 표 캡션을 생략합니다.
- 표 캡션에는 '굵게' 스타일 지정하거나 배경색을 본문 텍스트와 다르게 지정합니다.
- 문서 전체에 표가 5개 이하면 캡션을 생략합니다.

Feature number

Caption

Table 3.1 The approximate distribution of body water

	Adult males	Adult females	Neonates
Total body water	60	50	75
Intracellular water	40	30	40
Extracellular water	20	20	35
Plasma	4	4	5
Interstitial fluid*	16	16	30

Values are expressed as % total body weight.
*The interstitial fluid includes the lymph and transcellular fluid.

▲ OXFORD UNIVERSITY PRESS(출처: https://global.oup.com/academic/authors/author-guidelines/components-of-manuscript/using-text-features/floating-figures)

개발자를 위한
글쓰기 가이드

6장

검토와 재작성

4장을 시작할 때 문서를 작성하기로 했다면 '일단 쓰자'고 했습니다. 초안을 작성했다고 해서 문서 작업이 끝난 것이 아닙니다. 글쓰기 과정에서 가장 중요한 단계가 바로 '검토와 다듬기'입니다. 전달할 내용을 모두 적었다면 이제 천천히 읽어 보면서 구조와 흐름을 맞추고 문법을 다듬어야 합니다. 6장에서는 효율적으로 문서를 검토하고 수정하는 방법을 자세히 알아봅니다.

23 객관적으로 문서를 검토한다

초안을 쓸 때는 맞춤법이 맞는지, 문장이 매끄러운지 등을 고려하지 말고 필요한 내용을 모두 담는 데 집중한다고 앞서 얘기했습니다.

초안 작성을 끝냈다면 이제 독자에게 내놓을 수 있게 다듬고 고쳐 완성품을 만들어야 합니다.

분명히 한글로 적혀 있는데도 읽어 봐도 무슨 말인지 모르겠는 글이 있습니다. 문장이 논리적이지도 않고 문장 구성 요소도 적절하지 않기 때문입니다. 문장 하나가 너무 길어 이해하기 어려울 때도 많습니다.

문서를 검토하는 간단한 방법

내가 쓴 글을 다시 볼 때는 객관화하는 것이 중요합니다. 간단하면서 효과적인 방법은 다음과 같습니다.

소리 내어 읽기

내가 쓴 글을 검토하는 좋은 방법은 소리 내어 읽어 보는 것입니다. 눈으로 읽을 때는 문제 없이 넘어가던 문장도 소리 내어 읽다 보면 매끄럽지 않게 들릴 때가 있습니다.

시간을 두고 다시 읽기

또 하나 권장하는 방법은 적어도 24시간이 지난 뒤 다시 읽어 보는 것입니다. 계속해서 글을 읽다 보면 자신을 객관화하기가 어렵습니다. 하루 정도 지난 후 다시 읽어 보면 어색한 표현이나 문장을 찾아낼 수 있습니다. 시간 여유가 있다면 며칠을 두었다가 다시 읽어 보는 것도 좋습니다.

온라인 문서라면 인쇄해서 읽기

중요한 온라인 문서라면 인쇄해서 확인하는 방법도 좋습니다. 매체가 달라지면 보이지 않던 오류도 눈에 들어올 때가 있습니다. 익숙한 문서 작성 도구나 작업 환경을 바꿔 내용을 다시 확인해 보세요.

문서를 검토할 때 챙겨 보면 좋을 체크리스트

문서를 검토할 때는 다음 항목을 특히 유의 깊게 보면 좋습니다.

항목	확인
내용에 맞는 제목을 달았는가?	
목차가 올바른가?	
용어를 일관되게 사용했는가?	
이해하기 어려운 용어는 없는가?	
필요한 정보가 모두 있는가?	
불필요한 정보가 있지는 않은가?	
내용을 찾기 쉽게 목차를 구성했는가?	
단락은 적절히 나누었는가?	
중복 내용은 없는가?	
표현이 명확한가?	
객관적인 근거가 있는가?	
출처가 명확한가?	
외국어나 한자어가 많지 않은가?	
피동태가 많지 않은가?	
그림이 적절하게 배치됐는가?	
표를 적절하게 사용했는가?	

▲ 문서를 검토할 때 확인해 볼 내용

24 맥락에 맞는 적확한 단어를 선택한다

글이 정확하려면 단어 하나하나도 정확하게 써야 합니다. 명확한 문서를 만들려면 맥락에 맞는 적확한 단어와 표현을 사용했는지 확인하고 알맞게 수정해야 합니다. 예시로 살펴보겠습니다.

예문

> KM 클라우드 푸시 서비스를 사용하면 쉽게 푸시 발송을 보낼 수 있습니다.

언뜻 읽어 보면 틀린 곳이 없어 보입니다. 하지만 다시 읽어 보면 '푸시 발송'에서 '푸시'와 발송은 이상한 조합입니다. '푸시'는 '무엇을 보내다'라는 의미인데 '발송' 역시 같은 의미입니다. '보냄을 보낼 수 있다'라는 말이 됩니다. 푸시 서비스를 사용해 발송하는 것은 '알림'입니다. 따라서 '푸시 알림을 발송'할 수 있다라고 고쳐 써야 합니다.

수정안

> KM 클라우드 푸시 서비스를 사용하면 쉽게 푸시 알림을 보낼 수 있습니다.

몇 가지 예를 더 살펴보겠습니다.

예문

> 지난 서비스보다 성능이 훨씬 개발되었습니다.

문장에서 '성능'이 '개발'되다라는 표현은 어색한 표현입니다. '개발'은 '새로운 물건을 만들거나 새로운 생각을 내어놓음'의 뜻으로, 성능을 새로 만든다는 표현은 올바르지 않습니다. 더 적확한 단어로 수정한 문장은 다음과 같습니다.

수정안

> 지난 서비스보다 성능이 훨씬 향상되었습니다.

다른 예를 하나 더 보겠습니다.

예문

> 크기 및 전기 소모가 작습니다.

문장에서 전기 소모가 되는 정도는 크기를 나타내는 '작다'와 어울리지 않습니다. 이때는 '적다'로 씁니다.

그런데 '및' 앞의 '크기'는 '작다'와 이어지는 것이 맞습니다. 이럴 때는 '및'으로 연결한 주어 하나에 '작다'라는 서술어 하나를 연결하지 않고 분리해서 씁니다.

수정안

크기가 작고 전기 소모가 적습니다.

NOTE_적확하다 vs 정확하다

본문을 설명하는 중에 '적확'과 '정확'이라는 단어가 섞여 나오는 것을 발견한 독자가 계실지도 모르겠습니다.

'적확하다'란 '정확하게 맞아 조금도 틀리지 아니하다'라는 뜻입니다. '정확하다'의 오타로 이해되는 분들을 위해 비교해서 설명하면 '정확하다'는 '자세하고 확실하다'는 뜻을 갖고 있습니다.

은어는 형식적인
표현으로 바꾼다

개발팀 주간 회의 시간입니다. 다음과 같은 대화가 오갑니다.

"로그를 까 보고 설정을 다르게 줘 보는 것부터 해 보죠."
"지금은 앱이 자꾸 팅기는 것부터 개선하면 좋겠습니다."
"이벤트에 특정 로직을 태워 알림 창을 띄웠습니다."
"프로그램이 너무 무거워요."

개발사에서는 친숙한 회의 풍경입니다. 평소에는 이렇게 편하게 얘기해도 어떤 의미인지 모두 이해할 수 있습니다. 하지만 공식적인 문서를 쓸 때는 형식적인 표현으로 바꿔 누구나 알 수 있게 해야 합니다. 그런데 글쓰는 사람에게는 익숙한 전문 용어나 은어를 대신할 형식적인 표현이 바로 떠오르지 않을 때가 종종 있습니다.

실제로 문서 코칭을 할 때 '앱이 튕긴다', '프로그램이 무겁다'와 같은 표현을 바꿔 달라고 의견을 건네면 "어떻게 바꾸죠?"라고 반문하는 일이 꽤 많습니다.

그럴 때면 어떤 상황에서 이런 일이 발생하는지 풀어서 설명해 달라고 합니다. 실제 사례를 같이 볼까요?

> 테크니컬 라이터: "앱이 자꾸 튕긴다'라고 하셨는데, 어떤 상황에서 그렇게 되나요? 그리고 앱이 튕기면 어떤 현상이 나타나나요?"
> 작성자: "스마트폰에서 앱을 실행해 좀 오래 사용하다 보면 중간에 갑자기 앱이 종료되는 일이 생기거든요."
> 테크니컬 라이터: "아, 그렇다면 '앱이 갑자기 종료된다.'로 바꾸면 되겠네요."

몇 가지 예를 더 살펴보겠습니다.

은어 – '로그를 까다'

로그를 까 보고 설정을 다르게 줘 보는 것부터 해 보죠.

'로그를 까다'는 '로그를 확인하다'라고 바꾸면 됩니다. '설정을 다르게 준다'
는 '설정을 바꾼다'라는 의미이므로 그대로 수정하면 됩니다.

로그를 확인해 설정을 바꾸는 것부터 해 보죠.

은어 – '무거운 프로그램'

'프로그램이 무겁다.'는 말은 상대에게 자세히 설명해 달라고 하면

"이상하게 프로그램을 좀 쓰다 보면 새 문서를 여는 것도 오래 걸리고 글자
입력도 바로바로 되다가 갑자기 안 되다가 다시 한꺼번에 입력되곤 합니다."라
고 말합니다.

지금은 프로그램이 너무 무거운 것부터 개선하면 좋겠습니다.

'무겁다'는 특히 자주 사용하는 구어체입니다. 이렇게 자주 사용하던 표현을 막상 형식적인 표현으로 바꾸려면 대안이 빨리 떠오르지 않습니다. 그럴 때는 옆 사람에게 설명한다 생각하고 소리 내어 얘기하다 보면 적합한 말이 떠오릅니다.

지금은 프로그램 실행 속도가 매우 느린 것부터 개선하면 좋겠습니다.

은어 - '태우다'

다른 예를 보겠습니다.

이벤트에 로직을 태워 알림 창을 띄웠습니다.

'태우다'라는 말도 많이 사용합니다. '프로세스를 태우다', '로직을 태우다', '프록시를 태우다' 등 여러 상황에서 사용하곤 합니다.

'프로세스를 거치다', '로직을 적용하다', '프록시를 사용하다, 프록시를 거치다' 등으로 바꿉니다.

이벤트에 로직을 적용해 알림 창이 나타나게 했습니다.

이외 몇 가지 자주 쓰는 구어체와 수정안은 다음과 같습니다.

은어 – '에러 잡다'

예문

에러를 잡았습니다.

수정안

오류를 수정했습니다.

은어 – '뜨면'

예문

정보 입력 대화 상자가 뜨면 메일 주소와 휴대폰 번호를 입력합니다.

수정안

정보 입력 대화 상자가 나타나면 메일 주소와 휴대폰 번호를 입력합니다.

은어 – '깨지다'

예문

일부 편집기에서 한글이 깨져 보일 수 있습니다.

수정안

일부 편집기에서 한글이 제대로 보이지 않을 수 있습니다.

은어 – '엑박'

예문

엑박이 뜹니다.

수정안

그림이 제대로 보이지 않습니다.

이처럼 자주 사용하는 은어를 대체할 말을 쉽게 찾으려면 내가 속한 분야를 거의 모르는 사람, 특정 가족이나 친구를 대상으로 설명한다고 생각하면 도움이 됩니다.

26 대명사는 일반 명사로 바꾼다

대명사는 '사람이나 사물의 이름을 대신 나타내는 말'을 뜻합니다. 대명사는 다시 인칭 대명사와 지시 대명사로 나뉘는데, 인칭 대명사는 '저', '너', '우리', '너희', '자네', '누구' 따위이고, 지시 대명사는 '거기', '무엇', '그것', '이것', '저기' 따위를 말합니다.

대명사는 문장에서 같은 단어가 반복되는 것을 피하려고 종종 사용합니다. 그런데 정확한 사실을 전달하는 것이 목적인 테크니컬 라이팅에서는 대명사를 사용하면 가리키는 것이 무엇인지 명확하게 알기 어렵습니다. 따라서 기술 문서에서는 대명사보다 일반 명사를 사용하기를 권장합니다.

다음 예문을 살펴보겠습니다.

대명사 – '여기'

> **예문**
>
> 좀 더 많은 API 사용법을 보려면 <u>여기</u>를 참고하시기 바랍니다.

문장에서 '여기'만 보면 어디를 말하는지 알기 어렵습니다. 링크가 있어 클릭하면 원하는 페이지로 연결되겠지만 링크를 클릭하지 않고도 어떤 것을 말하는지 알 수 있어야 합니다. 이럴 때는 다음과 같이 링크를 클릭했을 때 나타나는 페이지의 제목을 적는 것이 명확합니다.

수정안

좀 더 많은 API 사용법은 <u>API 레퍼런스</u>를 참고하시기 바랍니다.

수정한 문장에서는 링크를 클릭하지 않고도 'API 레퍼런스'를 참고해야 하는 것을 바로 알 수 있습니다.

대명사 – '이를 통해'

예문

업무 캘린더를 사용하면 동료와 쉽게 일정을 공유할 수 있습니다. 또한 이를 통해 프로젝트 진척도도 관리할 수 있습니다.

'이를 통해'를 수정하면 다음과 같습니다.

수정안

업무 캘린더를 사용하면 동료와 쉽게 일정을 공유할 수 있습니다. 업무 캘린더에서 프로젝트 진척도도 관리할 수 있습니다.

27 고유한 이름은 정확히 쓴다

MS, Win10, IE, AOS, 아이폰, 구글, 크롬, 리눅스…

문서를 쓰다 보면 자주 등장하는 제품이나 회사 이름입니다. 그런데 위와 같이 쓰는 것이 맞을까요.

제품, 회사 이름이 길면 MS, IE와 같이 줄여 쓰는 것이 편하고 대부분 그렇게 쓰다 보니 익숙합니다. 하지만 이름이 길다고 다른 회사의 제품 이름 등을 줄여 쓰면 안 됩니다. '고유한' 이름이기 때문에 정해진 대로 써야 하고, 의미가 달라질 수 있기 때문입니다.

다음은 줄여 쓰면 의미가 달라져 주의해야 하는 예입니다.

> 모바일 운영체제로는 대표적으로 AOS와 iOS가 있다.

예문의 AOS는 Android OS를 줄인 것입니다. iOS와 함께 쓸 때가 많다 보니 비슷하게 AOS라고 줄여 쓰곤 합니다. 그런데 AOS를 검색하면 비디오 게임 장르인 'Aeon of Strife' 의미로 주로 사용하는 것을 알 수 있습니다. Android는 고유명사이므로 줄여 써서도 안 됩니다.

Android를 어떻게 표기해야 하는지는 오픈소스 프로젝트 사이트의 Android 브랜드 가이드라인에서 확인할 수 있습니다.

> • Android의 첫 문자는 항상 대문자로 표시해야 하며, 복수형이나 소유형으로 써서는 안 됩니다.
> • Android는 기기의 운영체제(OS)를 지칭하는 용어로만 사용되어야 합니다.

▲ Android 오픈소스 프로젝트, 브랜드 가이드라인(출처: https://source.android.com/setup/start/brands)

줄여 쓰는 것도 피해야 하지만 한글로 바꿔 쓰는 것도 주의해야 합니다. 많은 기업에서 '고유한' 이름은 언어와 상관없이 정해진 그대로 사용하라는 가이드를 만들어 두었습니다.

고유한 이름을 확인하는 방법

그럼 고유한 이름은 어떻게 확인해야 할까요? 지금 컴퓨터나 스마트폰에 설치된 제품 이름을 확인해 보세요.

한글 제품을 설치했는데도 '엑셀', '워드', '앱 스토어', '사파리', '인스타그램', '페이스북', '유튜브' 대신 'Excel', 'Word', 'App Store', 'Safari', 'Instagram', 'Facebook', 'YouTube'로 돼 있는 것을 확인할 수 있습니다.

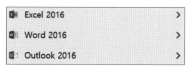

▲ Windows 10에 설치된 Office 제품들

설치한 제품 이름을 확인하는 방법 외에 각 회사의 상표권 목록 페이지를 참고하는 방법도 있습니다.

Google에서 '회사 이름 trademarks list'와 같이 검색하면 원하는 상표 표기 페이지를 쉽게 찾을 수 있습니다.

▶ **Google Trademarks list**
https://www.google.com/permissions/trademark/trademark-list/

▶ **Microsoft Trademarks**
https://www.microsoft.com/en-us/legal/intellectualproperty/trademarks/en-us.aspx

문서를 쓸 때 표기가 헷갈린다면 설치된 제품 이름을 확인하거나 각 제품의 공식 웹 사이트에 들어가 어떻게 표기했는지 확인해 보시기 바랍니다.

▼ 자주 사용하는 고유 이름의 올바른 표기

수정 전	수정 후
MS	Microsoft
Win10	Windows 10
AOS	Android
IE	Internet Explorer
구글	Google
페북	Facebook
인스타	Instagram
유튜브, Youtube	YouTube
아이폰	iPhone
맥북	MacBook
크롬	Chrome
리눅스	Linux

28 숫자와 단위를 정확하게 쓴다

전달할 정보에 숫자와 단위가 있다면 특히 유의해서 사용해야 합니다. 숫자와 단위는 금액이나 용량, 포인트 만기일과 같이 민감한 정보를 나타낼 때가 많으므로, 올바르게 썼는지 여러 번 검토해야 합니다.

다음은 메일이나 웹 드라이브에서 파일을 업로드할 때 볼 수 있는 메시지입니다.

※ 참고해주세요!
동영상 대용량 첨부를 위한 인증 시 4G/60분까지 등록이 가능합니다.

언뜻 보면 틀린 곳이 없어 보이지만 단위가 명확하지 않습니다. 파일 크기를 제한하는 메시지에서 사용하는 'G'는 대부분 기가'바이트'를 나타내지만, 기가'비트'라고 해석해도 틀리지 않기 때문입니다. 4G가 4기가바이트가 될 수도, 4기가비트가 될 수도 있습니다.

예에서 사용한 4G가 기가바이트를 나타낸다면 4GB로 써야 합니다. 기가비트를 나타낸다면 Gbit 또는 Gb로 쓰면 됩니다.

기가 바이트: 4GB

기가 비트: 4Gbit 또는 4Gb

숫자를 다룬 다른 예입니다.

월 가용성	손해배상금
99.95%~99.0%	3개월 월 평균 사용 금액의 10%에 해당하는 금액
99.0%~95.0%	3개월 월 평균 사용 금액의 25%에 해당하는 금액
95.0%미만	3개월 월 평균 사용 금액의 50%에 해당하는 금액

숫자와 단위 자체는 문제가 없어 보입니다. 그런데 어색하게 느껴지는 이유는 배치 때문입니다. '10~20%'처럼 범위를 나타낼 때는 작은 수를 왼쪽에, 큰 수를 오른쪽에 둡니다. 그런데 위 예에서는 큰 수를 왼쪽에 작은 수를 오른쪽에 두어 어색할 뿐더러 한번에 의미를 파악하기도 어렵습니다.

또 하나, 월 가용성이 99%일 때는 손해배상금이 얼마가 되는 걸까요? 99%는 첫 번째 항목에 해당할까요, 두 번째 항목에 해당할까요. 예문에서는 첫 번째, 두 번째 항목에 모두 해당합니다. 금액이 걸린 문제이니 돈을 주는 쪽과 돈을 받는 쪽의 의견 차가 좁혀지지 않을 수 있습니다.

이럴 때는 '이상, 이하, 미만, 초과'를 사용하면 명확해집니다.

월 가용성	손해배상금
99% 이상 99.95% 미만	3개월 월 평균 사용 금액의 10%에 해당하는 금액
95% 이상 99% 미만	3개월 월 평균 사용 금액의 25%에 해당하는 금액
95.0%미만	3개월 월 평균 사용 금액의 50%에 해당하는 금액

29 단정적인 어조로 확신 있게 쓴다

기술 문서는 독자에게 정확한 사실을 전달한다는 믿음을 줘야 합니다. 이럴 수도 있고 저럴 수도 있는 내용을 담아서는 안 되며, 단정적인 어조를 유지해야 합니다.

예문

> **열기**를 클릭하면 새 창이 열리게 됩니다.

'창이 열리게 된다'라는 표현은 명확하게 '창이 열린다'로 쓰면 됩니다. 따라서 다음과 같이 고쳐 씁니다.

수정안

> **열기**를 클릭하면 새 창이 열립니다.

다음 예에서는 무엇을 수정해야 할지 살펴보겠습니다.

예문 **결제 복구 기능**

> 스토어에서 결제 프로세스가 제대로 종료되지 않았을 때는
> '결제 복구 기능'을 사용하면 좋을 듯합니다.

결제 프로세스가 제대로 종료되지 않았을 때 어떻게 해야 하는지 안내하는 내용입니다. 문제 해결 방법을 제시하는데 복구 기능을 사용하면 '좋을 듯하다'와 같이 짐작이나 추측을 나타내는 표현을 사용했습니다. 이렇게 표현하면 복구 기능을 사용해서 문제를 해결할 수 있을지 사용자가 확신할 수 없습니다. 추측성 표현을 바꾼 수정안은 다음과 같습니다.

수정안

> 스토어에서 결제 프로세스가 제대로 종료되지 않았을 때는
> '결제 복구 기능'을 사용합니다.

기술 문서에서는 '~할 것이다', '~하게 됩니다'와 같은 추측성, 완곡한 표현 대신 '~합니다'와 같이 간결하고 명확한 표현을 사용하시기 바랍니다.

30 글꼬리를 뚜렷하게 쓴다

매주 주말마다 방영한 한 코미디 프로그램에 '서울메이트'라는 코너가 있었습니다. 사투리를 쓰는 세 남자가 서울말(?)을 배우면서 생기는 여러 에피소드를 다룬 코너였는데요, 그 중 한 남자가 이제는 완벽한 서울 사람이 됐다면서 다음과 같이 말합니다.

이제는 나는 완벽한 서울 사람이 아니라고 할 수 없는 것을 배제할 수 없지.[1]

뚜렷한 글꼬리를 사용하지 않은 좋은 예입니다.

문장을 쓰다 보면 글꼬리를 길게 쓸 때가 많습니다. 문장이 짧게 느껴질 때, 완곡한 표현을 쓰고자 할 때 등이 그렇습니다. 하려는 얘기에 확신이 없을 때, 구어체를 그대로 글로 옮길 때도 글꼬리가 모호해지기 쉽습니다.

기술 문서에 자주 나오는, 글꼬리가 뚜렷하지 않은 예를 몇 개 살펴보겠습니다.

---

1 [크큭티비] 서울메이트 : 604회 "야!!! 서울에서는 발음을 그렇게 세게 하면 안돼~"

앞에서 설명한 문제 해결 방법이 유일한 방법이라고 말할 수는 없지 않을까 싶다.

'~유일한 방법이라고 말할 수 없지 않다'는 말은 '유일한 방법은 아니다'라는 뜻입니다.

앞에서 설명한 문제 해결 방법이 유일한 것은 아니다.

다른 예를 보겠습니다.

KM 보안 서비스 도입으로 문제가 해결될 것이라 판단되는 바이다.

'판단된다', '생각된다'는 전달하는 내용에 확신이 없다는 인상을 줍니다. '문제가 해결된다'로 쓰거나 '문제가 해결될 것이다'와 같이 뚜렷하게 수정합니다.

KM 보안 서비스 도입으로 문제가 해결될 것이다.

문서에서 자주 볼 수 있는 예를 하나 더 보겠습니다.

예문

KM 클라우드 도입 이유를 다음과 같이 크게 세 가지로 갈라 볼 수 있다.

'세 가지로 갈라 볼 수 있다', '세 가지로 볼 수 있다', '세 가지로 나뉜다'와 같
은 표현은 '세 가지다'와 같이 짧게 쓰면 됩니다.

수정안

KM 클라우드를 도입해야 하는 이유는 크게 세 가지다.

31 주어와 서술어를 일치시킨다

당연한 것 같아 지나치기 쉬운 것이 문법입니다. 독자가 이해하기 쉽게 글을 쓰려면 문법을 정확히 알아야 합니다.

분명 한글로 쓴 글을 읽는 것인데 도대체 무슨 내용인지 알기 어려울 때가 있습니다. 대부분 문장 성분이 서로 호응하지 않아서입니다. 특히 주어에 맞는 술어를 사용하지 않았을 때 어색한 문장이 됩니다.

다음 문장을 읽어 볼까요.

예문

> KM 클라우드가 가지는 장점은 값비싼 서버와 네트워크 등의 장비에 드는 비용을 최소화하고 또한 안전한 보안 서비스도 제공해 줄 수 있다.

여기에서 주어인 '장점은'이 '줄 수 있다'라는 서술어와 이어져 어색한 문장이 되었습니다.

주어와 서술어를 맞춰 보면 다음과 같습니다.

KM 클라우드의 장점은 서버와 네트워크 등의 장비 비용을 줄일 수 있고 높은 보안 서비스를 이용할 수 있다는 것이다.

주어에 맞는 서술어를 쉽게 쓰려면 문장을 짧게 쓰는 것이 도움이 됩니다. 문장을 길게 쓰면 주어와 서술어가 여러 개가 되고, 그러다 보면 주어와 서술어가 꼬이기 쉽습니다.

다음 예문을 주어와 호응하는 서술어를 찾아가며 읽어 봅시다.

예문

데이터 센터를 선택할 때 고려해야 할 점은 데이터 센터가 보안 시설과 관리 인력을 갖추고 기업의 서버를 관리해 주기도 한다. 서버 보관 공간이나 서버만 임대해주기도 하므로 서비스 종류, 품질의 신뢰성, 안정성, 보안성, 서비스 제공 시간 등을 고려해야 한다.

첫 번째 문장의 주어는 '고려해야 할 점'입니다. 여기에 호응하는 서술어는 '~이다'가 됩니다. 그런데 예문에서는 '고려해야 할 점은'이 '~ 주기도 한다.'로 이어집니다. 여기에서 '고려해야 할 점은'을 그대로 두고 서술어를 바꿔 보면 다음과 같습니다.

수정안

데이터 센터를 선택할 때 고려해야 할 점은 데이터 센터가 보안 시설과 관리 인력을 갖추고 있는가다.

첫 번째 문장 이외에 문장 하나에 주제 하나만 담는 것으로 전체를 수정해 보면 다음과 같습니다.

데이터 센터에서는 보안 시설과 관리 인력을 갖추고 기업의 서버를 관리해 준다. 단순히 서버를 임대해 주거나 서버를 보관할 수 있는 공간만 임대해 주기도 한다. 데이터 센터를 선택할 때 고려해야 할 점은 서비스 종류, 품질의 신뢰성, 안정성, 보안성, 서비스 제공 시간 등이다.

32 문장은 짧게 줄인다

짧은 시간에 내용을 빠르게 파악할 수 있으려면 같은 글을 쓰더라도 쉽고 짧게 써야 합니다.

문장이 길어지면 앞뒤 호응 관계도 어긋나기 쉬워 내용 파악이 더욱 어려워집니다. 문장이 길수록 불필요한 단어나 내용이 추가된 경우가 많으므로, 짧은 문장으로 나누면 좋습니다.

문장을 반복해 읽으면서 간결하게 만드는 과정을 살펴보겠습니다.

먼저 쓰려고 하는 내용을 편안하게 씁니다.

예문

> KM 로그 서비스는 사용자의 드라이브 사용 이력을 확인할 수 있는 서비스입니다. 기본적으로 제공이 되는 서비스로, 별도의 서비스 활성화 작업 과정을 거치지 않고도 바로 사용하실 수 있는 서비스입니다.

다시 읽어 봅니다. 불필요한 말, 중복된 표현이 있는지 살펴보고 수정합니다. 꼭 필요한 내용만 썼는지도 확인해 수정합니다.

예문에서는 '서비스'라는 단어가 눈에 띄게 반복돼 '서비스'를 줄이는 것부터 수정해 보겠습니다.

> KM 로그는 사용자의 드라이브 사용 이력을 확인할 수 있는 서비스입니다. 기본적으로 제공이 되며, 별도의 활성화 작업 과정을 거치지 않고도 바로 사용하실 수 있습니다.

반복된 '서비스'를 삭제한 후 다시 읽어보면서 문장을 더 줄여봅니다. 괜히 덧붙인 말은 없는지 살펴봅니다. '활성화 작업 과정을 거치지'에서 '작업'이나 '과정' 등을 빼도 의미가 통하므로 이를 빼고 수정합니다.

> KM 로그는 사용자의 드라이브 사용 이력을 확인할 수 있는 서비스입니다. 기본적으로 제공이 되며, 별도로 활성화하지 않아도 바로 사용하실 수 있습니다.

마지막으로 필요 없는 조사는 없는지 확인하고 줄여 봅니다.

> KM 로그는 사용자의 드라이브 사용 이력을 확인할 수 있는 서비스입니다. 기본으로 제공되며, 별도로 활성화하지 않아도 바로 사용할 수 있습니다.

군더더기 표현이나 조사를 정리하는 방법은 뒤에서 좀 더 살펴보겠습니다.

33 군더더기 표현을 없앤다

글을 쓰다 보면 습관적으로 덧붙이는 말이 있습니다. 가장 흔한 말이 '진행', '처리', '필요', '발생' 등입니다. 덧붙인 말은 대부분 삭제해도 의미가 달라지지 않습니다.

군더더기 표현 – '발생'

예문

> 인증서 도메인당 월 8만 원의 비용이 발생합니다.

'월 8만 원의 비용이 발생하다'의 의미는 도메인당 비용이 '월 8만 원이다'입니다. 그대로 짧게 줄여 쓰면 다음과 같습니다.

수정안

> 인증서 비용은 도메인당 월 8만 원입니다.

군더더기 표현 - '필요'

예문

서비스 활성화를 진행하기 위해서는 먼저 콘솔 로그인이 필요합니다.

여기에서 '진행', '필요'는 없어도 되는 군더더기 표현입니다. 정리한 문장은 다음과 같습니다.

수정안

서비스를 활성화하려면 먼저 콘솔에 로그인해야 합니다.

군더더기 표현 - '진행'

예문

원하는 파일 유형을 선택해 다운로드 진행해 주세요.

수정안

원하는 파일 유형을 선택해 다운로드해 주세요.

군더더기 표현 - '처리'

사용자 ID 설정 처리 이후에 초기화를 진행하십시오.

문장에서는 '진행' 이외에 '처리'도 필요 없는 표현입니다. '처리'를 빼고 바꿔 보겠습니다.

사용자 ID를 설정한 후 초기화하십시오.

34 의미가 같은 표현은 한 번만 쓴다

역전 앞, 가로수 나무, 철교 다리, 동해 바다

앞에서 나열한 말의 공통점이 무엇일까요. 같은 뜻의 말이 겹쳐진 '겹말'이라는 점입니다.

한자어나 외국어에 우리말을 습관적으로 덧붙이다 보니 의미가 같은 말을 중복해서 쓰는 예는 기술 문서에서도 많이 볼 수 있습니다.

의미 중복 – '과반수 이상'

예문

> 조사 결과 과반수 이상이 새로 나온 메신저 앱이 이전 버전보다 편리하다고 답했다.

'과반수'는 '절반이 넘는 수'라는 뜻입니다. '과반수'에 '이상'의 의미가 포함됐으니 둘 중 하나만 쓰면 됩니다.

조사 결과 과반수가 ... 편리하다고 답했다.

조사 결과 절반 이상이 ... 편리하다고 답했다.

겹말 – '기존에 이미'

기존에 이미 저장한 데이터입니다.

'기존'은 '이미 존재함'이라는 뜻입니다. '기존'에 '이미'가 포함됐으니 둘 중 하나를 삭제합니다.

기존에 저장한 데이터입니다.

이미 저장한 데이터입니다.

의미 중복 – '하게 되면'

결제 수단 등록 시, 카드 정보를 입력하게 되면, 비밀번호를 만들기 위한 질문에 답변을 하게 되면 비밀번호가 생성이 됩니다.

156

문장에서는 '~하게 되면'이 반복해서 나옵니다. 그러다 보니 한숨에 읽기 어려운 문장이 됩니다.

반복 표현을 빼고 수정해 본 문장은 다음과 같습니다.

수정안

> 결제 수단을 등록할 때, 비밀번호를 만들려면 카드 정보를 입력하고 비밀번호 만들기용 질문에 답변해야 합니다.

의미 중복 – '표시한 장소에 지정된 장소의'

좀 더 긴 예를 살펴보겠습니다.

예문

> CCTV는 도면상에 표시한 장소에 지정된 장소의 천정에 부착하여 설치하는 것을 기본으로 하되, 설치 환경에 따라 천정에 부착하여 설치하는 것이 불가한 경우에는 부속 자재를 활용하여 벽면에 설치합니다.

문장에서 '표시한 장소에 지정된 장소의'과 같이 중복된 표현은 '표시된 곳'과 같이 짧게 바꿀 수 있습니다. 또한 '천장에 부착하여 설치하는 것이 불가한 경우'가 결국 앞에 나온 '설치 환경에 따라'에 해당하므로 중복해서 쓰지 않아도 됩니다.

CCTV는 도면에 표시된 곳의 천장에 설치하되, 천장에 설치할 수 없을 때는 부속 자재를 활용해 벽면에 설치합니다.

의미 중복 – 한자어와 한자 풀이를 함께 쓴 예

다음은 한자어와 한자 풀이를 같이 써서 내용이 중복된 예입니다.

이전 버전의 오류를 고치고 부족한 점을 보충해, 좀 더 개선하고 보완된 새 버전을 소개한다.

문장에서 '개선'의 뜻은 '잘못된 것이나 부족한 것, 나쁜 것 따위를 고쳐 더 좋게 만듦'이며, '보완'의 뜻은 '모자라거나 부족한 것을 보충하여 완전하게 함'입니다. 앞부분의 '오류를 고치고 부족한 점을 보충'한다는 것과 뒷부분의 '개선하고 보완'한다는 것이 결국 같은 의미입니다. 따라서 중복되는 표현을 삭제해 간결한 문장을 만들 수 있습니다.

버전 1.0의 오류를 고치고 기능을 보완한 버전 2.0을 소개한다.

35 피동태보다 능동태로 쓴다

피동태는 행동의 주체를 문장의 주어로 두고 이에 맞는 서술어를 쓰는 것이 아니라, 사물이나 관념을 주어로 두고 이에 맞게 서술어를 변형시켜 쓰는 것을 말합니다.

피 동 - 태 被動態 [말음 : ㅍㅣ : 동태]

관련 어휘

명사

<언어> 주어가 어떤 동작의 대상이 되어 그 작용을 받을 때에, 서술어가 취하는 형식. [비슷한 말] 수동태.

출처 : 표준국어대사전

피동태를 쓰면 행동의 주체가 모호해지기 때문에 선명한 표현을 써야 하는 기술 문서에서는 꼭 필요할 때만 쓰는 것이 좋습니다.

피동 사용

피동태를 쓴 예를 보겠습니다.

Python은 귀도 반 로섬(Guido van Rossum)에 의해 개발되었습니다.

문장의 주어는 'Python'으로, 행동의 주체가 아닙니다. 그러다 보니 이에 맞는 서술어를 피동태로 쓸 수밖에 없습니다.

행동의 주체를 주어로 둔 능동태 문장으로 바꿔 보겠습니다.

Python은 귀도 반 로섬(Guido van Rossum)이 개발했습니다.

Python을 개발한 주체인 '귀도 반 로섬'을 주어로 두면 능동태로 쓸 수 있습니다.

피동태 문장은 영어 번역문이 널리 퍼지게 되면서 우리글에서도 많이 사용하게 되었습니다. 그런데 우리글에서 자주 사용하던 표현이 아니다 보니, 피동태 문장을 많이 사용하면 흐름이 자연스럽지 않고 단숨에 내용을 파악하는 것이 어려워집니다.

이중피동 사용

특히 이중피동을 사용하면 문장이 꼬여 어렵게 느껴집니다. 이중피동이란 '피동사 + 어(아)지다'의 형태를 말합니다.

다음은 이중피동을 사용한 예입니다.

결과 로그가 화면에 보여집니다.

'보여진다'는 '보다'의 피동태인 '보이다'에 피동 표현을 만드는 '−어지다'가
붙어 이중피동이 된 예입니다.

이중피동을 쓰지 않고 자연스럽게 다듬은 문장은 다음과 같습니다.

수정안

결과 로그가 화면에 나타난다.

다음 표는 기술 문서에서 흔히 볼 수 있는 이중피동과 권장 표현을 정리한
것입니다.

▼ 기술문서에서 많이 사용하는 이중피동 예시와 권장 표현

이중피동 사용	이중피동만 수정	전체 수정
화면 오른쪽 상단에 보여지는 **로그인** 버튼을 클릭합니다.	화면 오른쪽 위에 보이는 **로그인** 버튼을 클릭합니다.	화면 오른쪽 위의 **로그인** 버튼을 클릭합니다.
이미지가 반복되어져서 화면에 나옵니다.	이미지가 반복되어 화면에 나옵니다.	이미지가 반복해 화면에 나타납니다.
아이템 목록에 담겨진 항목입니다.	아이템 목록에 담긴 항목입니다.	아이템 목록에 있는 항목입니다.
선택한 파일의 데이터가 읽혀지면 '출력 모드'로 화면이 전환된다.	선택한 파일의 데이터가 읽히면 '출력 모드'로 화면이 전환된다.	선택한 파일의 데이터를 읽으면 화면이 '출력 모드'로 전환된다.

36 복잡한 번역체를 다듬는다

일본어나 영어를 번역한 글은 일상에서 자주 볼 수 있습니다. 처음부터 한글로 썼다면 쓰지 않았을 표현도 종종 쓰게 됩니다. 이렇게 번역하다 생긴 이질적인 문장을 '번역체' 문장이라고 합니다.

번역체를 많이 사용하면 문장의 의미가 모호해지고 길어지기 쉽습니다. 뜻은 알겠는데 어색한 문장이 될 때도 많습니다. 우리에게 익숙한 언어 습관과 달라서 그렇습니다. 따라서 되도록 번역체를 자연스럽게 바꿔 쓰기를 권장합니다.

번역체 – '～에 대해'

예문

> 자바 스크립트 성능에 대해 알아보자. 성능을 향상시키는 것은 코드 스타일을 다듬는 것에 의해 이뤄질 수 있다. 성능 향상은 다음 3가지 방법을 통해 가능하다.

문장 하나씩 수정해 보겠습니다.

자바 스크립트 성능에 대해 알아보자.

'∼ 대해'는 영어에서 '∼about'를 번역한 표현입니다. '∼에 대해'는 '∼을(를)'
로 바꿔 간결하게 쓸 수 있습니다.

자바 스크립트 성능을 알아보자.

번역체 – '∼에 의해'

성능을 향상시키는 것은 코드 스타일을 다듬는 것에 의해 이뤄질 수 있다.

'∼에 의해 이뤄지다'라는 표현 역시 'by'나 '피동태'을 사용한 번역체입니다.
번역체를 피해 수정한 문장은 다음과 같습니다.

코드 스타일을 다듬어 성능을 향상할 수 있다.

번역체 - '~을 통해'

성능 향상은 다음 3가지 방법을 통해 가능하다.

'통해'는 영어 'through'를 직역하면서 굳은 말입니다. '통해'는 명확한 동사 대신 사용할 때도 많습니다.

성능 향상은 다음 3가지 방법으로 가능하다.

'37 '통해'는 명확한 표현으로 바꾼다' 절에서 좀 더 자세히 알아봅니다.

번역체 - '가능, 불가능하다'

성능 향상은 다음 3가지 방법으로 가능하다.

'가능', '불가능'도 possible, impossible에서 온 번역체입니다. '무엇이 가능하다'라는 표현은 '~을 할 수 있다.'로 바꾸면 더 자연스럽습니다.

성능은 다음 3가지 방법으로 향상할 수 있다.

성능 향상 방법은 다음 3가지이다.

번역체 - '자유도가 높다'

다른 예를 좀 더 살펴보겠습니다.

예문

원하는 기능을 선택해 적용할 수 있어 자유도가 높습니다.

'자유도가 높다'라는 표현은 자연스러운 우리말은 아닙니다. 편하게 옆사람에게 말한다고 생각하고 문장을 바꿔봅니다.

수정안

원하는 기능을 자유롭게 선택할 수 있습니다.

수정한 문장이 더 쉽고 간결해졌습니다.

번역체 - '~을 가지고 있다'

예를 더 보겠습니다.

예문

모바일 기기들은 기종별로 다양한 해상도를 가지고 있습니다.

사람 주체가 아닌 사물이 '~을 가진다'는 자연스러운 표현은 아닙니다. 수정해 보면 다음과 같습니다.

수정안

> 모바일 기기의 해상도는 기종별로 다릅니다.

번역체 – '~경우'

예문

> 관리 페이지 호출의 경우 다음과 같은 순서로 관리 페이지가 표시됩니다.

'경우'를 빼고 바꿔보면 다음과 같습니다.

수정안

> 관리 페이지를 호출하면 다음과 같은 순서로 관리 페이지가 표시됩니다.

37 '통해'는 명확한 표현으로 바꾼다

문서를 검수하다 보면 유독 반복되는 단어가 있습니다. 바로 '통해'입니다. 한 문장에 '통해'가 서너 개 나올 때도 있습니다.

'통해' 하나로 여러 가지 의미를 대체하면 분명한 문장을 만들기 어렵습니다. 특히 한글뿐 아니라 영어나 중국어 등으로 번역해야 할 때는 번역자들이 '통해'의 의미가 무엇인지 묻곤 합니다.

예문

> 이번 테스트에서 나타난 문제점 파악을 통해 부족한 기능을 보완하면 판매가 늘 것이다.

'통해'를 빼보겠습니다.

수정안

> 이번 테스트에서 나타난 문제점을 파악해 부족한 기능을 보완하면 판매가 늘 것이다.

예를 하나 더 보겠습니다.

KM 제품을 통하면 푸시 알림을 손쉽게 보낼 수 있습니다. 콘솔을 통해 예약 알림을 설정할 수 있고 API 호출을 통해서도 알림을 보낼 수 있습니다.

푸시 알림 서비스를 소개하는 단락에 '통해'를 세 번 사용했습니다. '통해' 세 개를 대신할 명확한 표현으로 모두 고쳐보겠습니다.

KM 제품을 이용하면 푸시 알림을 손쉽게 보낼 수 있습니다. 콘솔에서 예약 알림을 설정할 수 있고 API를 호출해 알림을 보낼 수도 있습니다.

다음 예를 보겠습니다.

네트워크를 통해 전송합니다.

문장에서는 '통해'를 빼고 '네트워크로'로 바꾸면 됩니다.

네트워크로 전송합니다.

다른 예를 더 보겠습니다.

빌드 버튼을 통해 빌드를 생성합니다.

문장에서 '버튼을 통한다'는 것은 '버튼을 클릭한다'라는 의미입니다. 따라서 다음과 같이 수정합니다.

빌드 버튼을 클릭해 빌드를 생성합니다.

'통해'를 다른 말로 바꾸면 어떤 동작을 하는지, 어떤 상황인지 보다 명확해 집니다. 깊이 생각하지 않고 '통해'라는 표현을 많이 사용했다면 다른 동사나 조사 등으로 명확하게 바꿀 수 없는지 확인해 보시기 바랍니다.

38 '무엇은 ~ 무엇이다' 형식으로 쓰지 않는다

문장이 길어지기 쉬울 때는 한 문장에서 같은 말을 반복해 제시어로 사용할 때입니다. '무엇은 ~ 무엇이다' 형식으로 쓰는 것이지요.

예문

이 책은 기술 문서를 잘 쓰고 싶은 사람에게 도움이 되는 책이다.

예문의 '책은 ~ 책이다.'에서 '책'이 중복됐습니다.

'이 책은 기술 문서를 잘 쓰고 싶은 사람에게 도움이 된다.'와 같이 쓰면 중복을 피할 수 있습니다.

다른 예문을 보고 간결하게 수정해 볼까요.

예문

새로 나온 협업 서비스인 'A 메신저' 서비스를 알아보자. 'A 메신저'를 사용하면 편리하게 업무를 관리하고 공유할 수 있다.

예문을 보면 '~ 서비스인', '서비스를 알아보자'와 같이 같은 말이 반복됩니다. 'A 메신저' 서비스 이름도 반복됩니다. 말하려는 것을 한 문장으로 정리해 다음과 같이 수정할 수 있습니다.

수정안

새로 나온 'A 메신저'는 편리하게 업무를 관리하고 공유할 수 있는 협업 서비스다.

39 '~해 주다' 대신 '~하다'를 쓴다

글을 쓰다 보면 버릇처럼 '~해 주다'라는 표현을 많이 쓰게 됩니다. 그냥 '색깔을 지정합니다.'라고 해도 되는데, '색깔을 지정해 줍니다.'와 같이 쓰는 것이지요.

여기에서 '~주다'는 보조동사인데, 보조동사는 본동사와 연결되어 풀이를 보조하는 동사를 말합니다. '~주다'는 앞에 나온 동사의 행위가 다른 사람의 행위에 영향을 미치는 것을 나타내는 말인데, 꼭 필요한 곳이 아니라면 덧붙여 쓰지 않아야 문장이 간결해집니다.

예문

Google 계정으로 로그인을 사용하려면 다음과 같이 구현해 주어야 합니다.

'구현해 주어야'에서 보조동사를 빼고 간결하게 수정합니다.

수정안

Google 계정으로 로그인을 사용하려면 다음과 같이 구현해야 합니다.

다른 예를 보겠습니다.

자주 사용하는 메뉴는 홈 화면으로 추가해 놓아 두고 사용하시면 편리합니다.

'추가해 놓아 두고'에서 '놓아'와 '두고' 모두 보조동사입니다. '놓다'와 '두다' 모두 앞말이 뜻하는 행동을 끝내고 그 결과를 유지함을 나타냅니다. 같은 뜻의 보조동사를 연달아 쓴 것이지요. 보조동사를 쓰지 않고 문장을 바꾸면 다음과 같습니다.

자주 사용하는 메뉴는 홈 화면에 추가해 사용하면 편리합니다.

40 조사를 덜어낸다

'조사'는 명사나 대명사와 같은 "체언이나 부사, 어미 따위에 붙어 그 말과 다른 말과의 문법적 관계를 표시하거나 그 말의 뜻을 도와주는 품사"를 말합니다. 조사에는 '이/가', '을/를', '와/과', '의', '에게', '에서' 등이 있습니다.

조사를 제대로 사용하지 않으면 다음 예문과 같이 문장이 어색해집니다.

> 아침 나 물 마신다.

말과 말이 자연스럽게 연결되도록 적절한 조사를 사용해야 합니다.

> 아침에 나는 물을 마신다.

조사 '에', '는', '을'을 추가해 문장을 자연스럽게 만들었습니다.

이처럼 조사는 문장을 구성하는 데 꼭 필요하지만, 많이 사용하면 문장이 장황해져 읽기 어려워집니다.

예문과 함께 불필요한 조사를 삭제해 정리하는 방법을 살펴보겠습니다.

'을/를'을 줄여보자

예문

> 시스템 사용을 하기 전에 환경부터 설정을 해야 합니다.

'사용을 하다'는 '사용하다'로 '설정을 하다'는 '설정하다'로 쓰면 충분합니다. 다음은 불필요한 조사 '을'을 삭제해 수정한 문장입니다.

수정안

> 시스템을 사용하기 전에 환경부터 설정해야 합니다.

'의'를 빼보자

'의'는 다른 말을 꾸미는 관형어를 만드는 조사입니다.

'나의 책'이라고 하면 '책'이 '내' 소유가 되는 것을 의미합니다. 그런데 '의'를 많이 사용하면 문장의 의미를 명확하게 알기 어려워집니다. 특히 다국어로 번역해야 할 때 모호할 수 있어 '의'를 다른 동사나 형용사 등으로 바꿔 쓰면 좋습니다.

데이터가 많아 클라우드 서비스로의 이전이 어렵다면

데이터가 많아 클라우드 서비스로 이전하기 어렵다면

환경 설정의 편리함

이때는 '의' 뒤에 나오는 말을 형용사로 바꾸면 좋습니다.

편리한 환경 설정

사용자들과의 의견의 교환으로 프로그램의 개선을 이룰 수 있었다.

'의'를 빼고 문장을 새로 작성해 봅니다.

사용자들과 의견을 교환해 프로그램을 개선할 수 있었다.

　'의'를 남용하는 것은 일본어(の)의 영향으로 볼 수 있습니다.[2] 번역체보다는 자연스러운 우리말로 수정하는 연습을 해 보시기 바랍니다.

2　일본어 번역체 '의'(https://ko.dict.naver.com/#/correct/korean/info?seq=1872)

41 재작성한 문서를 동료와 검토한다

자기 검토가 끝났다고 문서를 배포하기에는 이릅니다. 좀 더 객관적인 눈으로 검토할 수 있는 '동료 검토'를 거쳐야 합니다.

동료 검토 준비하기

문서 품질을 높일 수 있는 가장 좋은 방법은 다른 사람에게 검토를 받는 것입니다. 문서 품질을 검증하는 부서나 직원이 따로 있는 경우도 있지만 그렇지 않은 조직이 더 많습니다. 그럴 때는 같은 팀 동료나 주변 동료에게 요청해야 할 수도 있습니다. 이때 검토자는 되도록 대상 독자와 비슷한 지식과 기술 수준을 지닌 사람이 좋습니다.

만약 외부로 배포하는 문서라면 조직장을 포함해 조직원 전체에게 의견을 받으면 좋습니다. 같은 문서라도 검토자에 따라 보는 관점이 달라 다양한 의견을 얻을 수 있습니다.

검토자와 문서 작성자의 태도

지금은 문서 검토를 온라인으로만 주로 하지만, 예전에는 회의실에 모여 화면으로 문서를 보면서 검토 의견을 주고받기도 했습니다. 의견을 나누다 보면 간혹 다음과 같은 대화가 오가기도 했는데요.

"저렇게 쓰는 건 아닌 것 같은데."

"설명이 저게 다인가요? 저렇게만 쓰면 독자가 다 이해하나?"

검토 대상이 '문서'인 것을 잘 알아도 위와 같은 지적을 받으면 작성자를 비난하는 것처럼 느껴질 수 있습니다.

검토의 목적은 작성자의 잘잘못을 따지려는 것이 아닙니다. 정확한 정보를 독자 눈높이에 맞춰 이해하기 쉽게 썼는지 확인하고 개선하려는 것입니다.

따라서 의견을 주고받을 때는 작성자나 검토자 모두 성숙한 태도를 갖춰야 합니다.

문서를 검토할 때 검토자의 태도와 의견 전달 방법을 좀 더 살펴보겠습니다.

검토자의 태도

동료 검토를 받는 사람이 기본적으로 많은 도움을 받지만 검토를 하는 사람 역시 다른 사람의 문서를 꼼꼼히 읽으면서 어떤 점을 유의해서 써야 하는지 알게 됩니다.

잘 쓴 것은 칭찬하기

검토라 하면 보통 잘못된 것을 찾아내는 것만 생각합니다. 하지만 잘 쓴 문장이나 단락이 있다면 칭찬 의견도 남기면 좋습니다. 잘못된 부분을 고치는 것도 중요하지만, 왜 잘 썼는지를 알게 되면 다른 글을 쓸 때 같은 방식을 적용할 수 있습니다.

대안 제시

'저건 아닌 것 같아요.'와 같은 모호한 의견이 아닌 구체적인 대안을 제시합니다.

예문 **검토 의견을 전달할 때**

개요 절에 개념 설명 보충 바랍니다.

개념 설명을 어떻게 보충해야 하는지 구체적인 의견이 없습니다. 보충해야 하는 내용을 예를 들어 설명해 주면 도움이 됩니다.

수정안 **구체적인 대안을 제시하기**

개요 절에 푸시 서비스가 무엇인지만 설명했는데, 다른 푸시 서비스와 차별되는 기능을 정리해 추가하면 좋겠습니다. 예를 들어 예약 발송 기능이나 광고 문구 자동 삽입과 같은 기능이요.

예를 하나 더 보겠습니다.

예문

중복 내용이 있습니다. 문장을 줄여 주세요.

문서를 많이 작성해 본 사람이라면 위와 같은 의견만으로도 중복 내용을 찾아낼 수 있습니다. 하지만 문서를 자주 작성하지 않는 작성자라면 중복 내용이 무엇인지 자세하게 의견을 전달해 주면 좋습니다.

수정안 자세하게 의견을 전달하기

문장에 의미가 중복되는 단어가 있습니다. '기존에 이미 있던 기능에 더해' 부분에서 '기존'와 '이미 있던'이 중복이므로 둘 중 하나를 삭제해 '기존 기능에 더해' 또는 '이미 있던 기능에 더해'와 같이 수정 부탁합니다.

빠진 정보 확인하기

수정 의견을 전달하는 데 그치지 않고 빠진 정보는 없는지도 확인해야 합니다. 이미 작성한 문서만 검토하는 것도 쉽지 않아, 빠진 내용까지 찾기 어려울 수 있습니다. 검토를 시작할 때 빠진 내용도 찾아야겠다고 미리 생각하면 좋습니다.

작성자의 태도

검토자가 의견을 전달하면 작성자는 다음과 같은 태도로 의견을 받아들이고 수정합니다.

- 내용 비판을 인격적인 모욕이나 비난으로 받아들이지 않습니다.
- 받은 의견을 반영하고, 반영하지 않은 것은 검토자에게 이유를 알립니다.
- 이번에 알게 된 내용은 다음 문서에도 반드시 적용합니다.

'퇴고'는 '글을 지을 때 여러 번 생각하여 고치고 다듬음'이라는 뜻으로, 좋은 글은 퇴고를 많이 할수록 좋아집니다. 모든 글쓰기와 마찬가지로 기술 문서도 사용자에게 전달하기까지 거듭 퇴고해야 합니다.

동료 검토 체크리스트

문서를 동료 검토할 때 글을 읽으면서 확인해야 할 내용을 정리했습니다. 문서를 작성할 때 아래의 항목을 염두에 둔다면 더할 나위 없이 좋은 글이 되겠지요?

항목	확인
일관된 용어와 표현을 사용했는가?	
문서 구조가 논리적인가?	
용어나 약어 풀이가 들어갔는가?	
앞의 설명과 뒤의 설명에 모순은 없는가?	
독자 수준에 맞게 설명했는가?	
필요한 설명은 모두 있는가?	
그래픽은 필요한 곳에 들어갔는가?	
표나 목록을 활용해 더 직관적으로 전달할 부분은 없는가?	
문법에 모두 맞는가?	
맞춤법, 외래어표기법, 문장부호, 띄어쓰기가 올바른가?	

▲ 동료 검토 체크리스트

42 자주 틀리는 맞춤법

문서를 아무리 잘 작성했더라도 맞춤법을 틀리면 문서의 신뢰도가 급격히 떨어집니다. 예를 먼저 볼까요.

다음 예문을 읽고 맞춤법이 틀린 곳을 찾아 수정해 보세요.

예문

> 오랫만에 연락드립니다. 수정을 많이 했는데도 모레까지 전달은 않될 꺼 같습니다. 금요일까지 끝내는 것이 제 바램인데, 남은 버그도 마져 수정해 더 낳은 버전으로 전달드릴께요. 건강 조심하시기 바라구, 곧 뵈요.

Word나 PowerPoint 등의 문서 작성 도구를 사용 중이라면 내장된 맞춤법 검사기로 확인하는 것도 좋은 방법입니다. 하지만 제대로 고치지 못할 때도 많아 NAVER나 Daum에서 맞춤법 검사기를 검색해 사용하거나, '한국어 맞춤법/문법 검사기'에서 이중으로 확인해 봐야 합니다.[3]

---

3 기관(기업)에서 사용하거나 Microsoft Word, 한글 프로그램에서 사용하려면 유료 버전을 구매해야 합니다. 자세한 내용은 '우리말 배움터(http://urimal.cs.pusan.ac.kr/urimal_new)'를 참고하시기 바랍니다.

예문을 각 맞춤법 검사기에 입력해 확인해 보겠습니다.

▲ NAVER 맞춤법 검사기

▲ Daum 맞춤법 검사기

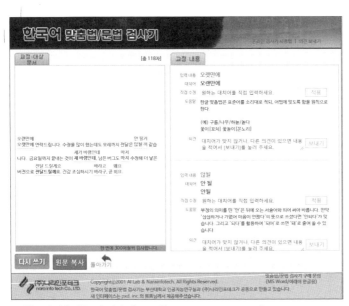

▲ 한국어 맞춤법/문법 검사기(https://speller.cs.pusan.ac.kr)

앞에서 소개한 맞춤법 검사기 중 사용하기 편한 것을 골라 활용해 보시기 바랍니다.

자주 실수하는 기술 문서 맞춤법

다음은 기술 문서를 쓸 때 헷갈리기 쉬운 맞춤법과 올바른 표현을 정리한 것입니다.

잘못된 표현	올바른 표현
최대값 설정	최댓값[4] 설정
최소값 설정	최솟값 설정
결과값 설정	결괏값 설정
임계값 설정	임곗값 설정
목표값 설정	목푯값 설정
사용율을 높일 수 있다.	사용률을 높일 수 있다.
생산률을 높일 수 있다.	생산율을 높일 수 있다.
갯수를 입력하세요.	개수를 입력하세요.
로그인 시도 회수를 설정하세요.	로그인 시도 횟수를 설정하세요.
옵션을 키세요.	옵션을 켜세요.
문제를 맞춘 분께 쿠폰을 드립니다.	문제를 맞힌 분께 쿠폰을 드립니다.
화면을 잠궜습니다.	화면을 잠갔습니다.
앱 안의 채팅 기능으로 친구를 사겨 보세요.	앱 안의 채팅 기능으로 친구를 사귀어 보세요.
화살표가 가르키는 곳을 터치하세요.	화살표가 가리키는 곳을 터치하세요.
쿠폰을 2개 적용하면 안되요.	쿠폰을 2개 적용하면 안 돼요.
업데이트를 하지 않으려면 **아니오**를 누릅니다.	업데이트를 하지 않으려면 **아니요**[5]를 누릅니다.

---

4 우리말과 한자어로 된 합성어일 때, 앞말이 모음으로 끝나고 뒷말의 첫소리가 된소리로 날 때는 사이시옷을 받치
   어 적어야 합니다. 한자어 '최대, 최소, 결과, 임계, 목표' 등과 순우리말 '값'으로 된 합성어에서 '값'이 [一깝]으로
   소리가 나므로 사이시옷을 받치어 적습니다('한글 맞춤법' 제30항).
5 묻는 말에 부정하여 답할 때는 '아니오'가 아닌 '아니요'를 써야 합니다. '예:아니요'는 '응:아니'의 높임 표현입니다.
   '아니오'는 "나는 나길동이 아니오."와 같이 사용합니다.

43 자주 틀리는 외래어 표기법

외래어 표기법이란 외래어를 한글로 표기하는 방법을 고시한 것입니다. 영어, 독일어, 프랑스어를 한글로 적을 때에는 원어의 발음을 '한국어 어문 규범(http://koreg.diquest.com:7002/main/main.do/)'의 외래어 표기법 〉 제2장 표기 일람표 〉 표 1 국제 음성 기호와 한글 대조표를 참고해 적습니다.

특히 외래어 표기법은 우리가 익숙하게 발음하던 것과 표기가 다를 때가 많습니다. Conference를 '컨퍼런스'라고 발음하지만 올바른 표기는 '콘퍼런스'입니다. directory도 '디렉토리'로 발음하지만 '디렉터리'가 올바른 표기입니다.

올바른 외래어 표기법을 확인하려면 '42 자주 틀리는 맞춤법'에서 언급한 맞춤법 검사기를 활용하면 됩니다.

자주 실수하는 기술 문서 외래어 표현

원문	잘못된 표현	올바른 표현
application	어플리케이션	애플리케이션
directory	디렉토리	디렉터리
app	어플	앱
desktop	데스크탑	데스크톱
shell	쉘	셸
license	라이센스	라이선스
release	릴리즈	릴리스
parameter	파라메터	파라미터
front	프론트	프런트
badge	뱃지	배지
solution	솔루션	설루션
push	푸쉬	푸시
cash	캐쉬	캐시
flash	플래쉬	플래시
column	컬럼	칼럼
block	블락	블록
conference	컨퍼런스	콘퍼런스
contents	컨텐츠	콘텐츠
navigation	네비게이션	내비게이션
mapping	맵핑	매핑
windows	윈도우	윈도
screen shot	스크린 샷	스크린 숏

원문	잘못된 표현	올바른 표현
manual	메뉴얼	매뉴얼
capture	캡쳐	캡처
alias	알리아스, 앨리어스	에일리어스
data	데이타	데이터
architecture	아키텍쳐	아키텍처
provision	프로비젼	프로비전
business	비지니스	비즈니스
presentation	프리젠테이션	프레젠테이션
access	억세스	액세스
drop	드랍	드롭
trend	트랜드	트렌드
elevator	엘레베이터	엘리베이터
thread	쓰레드	스레드
repository	레포지터리	리포지터리
message	메세지	메시지
manifest	매니패스트	매니페스트

44 자주 틀리는 띄어쓰기

띄어쓰기를 틀리지 않는 것은 맞춤법을 틀리지 않는 것보다 더 어렵습니다. 같은 말인데 뜻에 따라 붙여 쓸 때도, 띄어 쓸 때도 있어서입니다.

먼저 띄어쓰기 기본 원칙부터 알아보겠습니다.

띄어쓰기 기본 원칙

각 단어는 단어별로 띄어 쓰는 것이 기본입니다. 조사나 접미사는 앞말과 붙여 써야 합니다. 문장 성분에 따른 주요 띄어쓰기 원칙은 다음과 같습니다.

단어

- 두 개 이상의 단어가 결합된 중복 단어는 띄어 씁니다.
- 단위를 나타내는 명사나 의존 명사도 띄어 씁니다.
- 두 단어나 문장을 이어주는 접속사도 띄어 씁니다.

조사

조사는 앞말에 붙여 씁니다.

접미사

접미사도 앞말에 붙여 씁니다. 특히 '-하다', '-되다', '-이다' 접미사를 띄어 쓰지 않습니다.

파일을 저장 합니다.
신규 서비스 입니다.
비밀번호가 설정 된 파일입니다.

올바르게 바꾸면 다음과 같습니다.

파일을 저장합니다.
신규 서비스입니다.
비밀번호가 설정된 파일입니다.

띄어쓰기를 확인하는 방법 역시 맞춤법 검사기를 사용하는 것입니다.

'42 자주 틀리는 맞춤법'에서 살펴본 맞춤법 검사기를 사용하면 띄어쓰기도 쉽게 수정할 수 있습니다.

국어사전과 친해지기

맞춤법 검사기로 띄어쓰기 대부분을 수정할 수 있지만, 붙여도 되고 띄어 써도 되는 단어일 때는 맞춤법 검사기로도 확인하기 어렵습니다.

나는 예전에 개발을 못한다는 생각을 못했다.
나는 개발을 잘한다는 생각을 잘한다.

첫 문장에 두 번의 '못하다'가 나옵니다. 처음의 '못하다'는 '어떤 일을 일정한 수준에 못 미치게 하거나, 그 일을 할 능력이 없다'라는 의미의 단어로 붙여 씁니다. 두 번째 '못하다'는 '하지 못하다'의 의미로 '못'은 부사고 '하다'의 의미를 한정합니다. 따라서 두 번째 '못하다'는 '못 하다'로 띄어 써야 맞습니다.

두 번째 문장도 비슷합니다. 처음 '잘하다'는 '익숙하고 능란하게 하다'의 의미의 한 단어로 붙여 쓰고 두 번째 '잘하다'의 '버릇으로 자주'의 의미의 부사로 띄어 씁니다.

나는 예전에 개발을 못한다는 생각을 못 했다.
나는 개발을 잘한다는 생각을 잘 한다.

맞춤법 검사기만 의존하지 말고 국어사전에서 찾아보는 재미(?)를 들이면 좋습니다.

국어사전을 찾아보는 수고를 덜 수 있게 기술 문서에서 자주 볼 수 있는 띄어쓰기 오류와 올바르게 수정한 내용을 정리했습니다.

자주 틀리는 띄어쓰기

잘못된 표현	올바른 표현
해결 방법을 찾아 보겠습니다.	해결 방법을 찾아보겠습니다.
다른 예를 살펴 보겠습니다.	다른 예를 살펴보겠습니다.
정답을 알아 보자.	정답을 알아보자.
10월 출시에는 문제 없습니다.	10월 출시에는 문제없습니다.
날짜 별로 정리	날짜별로 정리
일인 당 비용	일인당 비용
날짜 순으로 정리	날짜순으로 정리
파일을 저장 한다.	파일을 저장한다.
새로 나온 서비스 입니다.	새로 나온 서비스입니다.
메일이 전송 되었습니다.	메일이 전송되었습니다.
사용중에는 선택할 수 없습니다.	사용 중[6]에는 선택할 수 없습니다.
부재 중에는 메모를 남겨 주세요.	부재중에는 메모를 남겨 주세요.
숫자만 입력하면 안됩니다.	숫자만 입력하면 안 됩니다.
쉽게 파일을 주고 받을 수 있습니다.	쉽게 파일을 주고받을 수 있습니다.
한번 더 입력해 주세요.	한 번 더 입력해 주세요.
새로 나온 앱을 한 번 사용해 보세요.	새로 나온 앱을 한번 사용해 보세요.
다시 한 번 시도해 주세요.	다시 한번[7] 시도해 주세요.
옵션 설정과는 상관 없다.	옵션 설정과는 상관없다.

---

6 '중'은 일부 명사 뒤에 쓰여 '무엇을 하는 동안'을 나타내는 의존명사로 앞말과 띄어 씁니다. 다만, '부재중'은 하나의 단어로 굳어져 쓰임에 따라 한 단어로 인정돼 붙여 씁니다.
7 '한번'은 '시도', '기회', '강조'를 나타낼 때는 붙여 쓰고 차례나 횟수를 나타낼 때는 띄어 씁니다.

잘못된 표현	올바른 표현
나길동님[8], 반갑습니다.	나길동 님, 반갑습니다.
지난 달, 지난 주	지난달, 지난주
이번달, 이번주	이번 달, 이번 주
다음달, 다음주	다음 달, 다음 주

---

8 '씨', '님'과 같이 이름 뒤에 붙는 호칭어는 앞말과 띄어 씁니다.

45 자주 틀리는 문장 부호

며칠 전 참석했던 좋은 세미나를 공유하고자 합니다

세미나는 12. 27 ~ 12. 28에 진행되었습니다

특히 "글쓰기 : 테크니컬 라이팅 기본"이라는 세션이 재미있었습니다.

연사는 '꾸준히 연습하면 누구나 기술 문서를 잘 쓸 수 있다.'라고 얘

기했습니다..

문장 부호는 글에서 문장의 구조를 잘 드러내거나 글쓴이의 의도를 쉽게 전

달하기 위하여 쓰는 여러 가지 부호를 의미하며, ',', ':', '?', '!', ':' 등이 있습니다.

여기에서는 기술 문서에서 많이 사용하는 문장 부호와 올바른 쓰임새를 알

아보고, 헷갈리기 쉬운 문장 부호 띄어쓰기를 살펴보겠습니다.

이어지는 문장 부호별 설명을 모두 읽어 본 후 위 문장의 문장 부호도 직접

수정해 보시기 바랍니다.

마침표(.)

마침표는 문장을 마칠 때 마지막에 쓰는 문장 부호입니다. 서술, 명령, 청유 등을 나타내는 문장에는 모두 끝에 마침표를 씁니다.

이외 날짜에서 연월일을 대신해 나타낼 때 아라비아 숫자 뒤에, 또는 장, 절, 항 등을 표시하는 문자나 숫자 다음에 씁니다.

문장을 마칠 때

수정 전

12월 26일에 출시 예정입니다

문장을 마칠 때 마침표를 찍어야 하므로 '예정입니다' 뒤에 마침표를 추가합니다.

수정안

12월 26일에 출시 예정입니다.

날짜를 표현할 때

'연월일'을 생략하는 대신 마침표를 씁니다. 이때 '일'에 해당하는 마침표를 생략하는 일이 많은데, 끝에도 '일'을 대신해 마침표를 써야 합니다.

2020. 12. 26

마지막 26 뒤에도 '일' 대신 사용할 마침표를 추가합니다.

수정안

2020. 12. 26.

하위 장이나 절을 나타낼 때

장, 절, 항 등을 표시하는 문자나 숫자 다음에도 마침표를 씁니다.

예) 1장 시작하기 → 1. 시작하기

　　1장 1절 앱 설치 → 1.1. 앱 설치

쌍점(:)

흔히 '콜론'으로 부르는 문장 부호입니다. 시간에서 시와 분, 분과 초를 구분할 때 쓰거나 '몇 대 몇'과 같이 쓸 때 '대' 대신에 씁니다. 문서에서 부제목을 나타낼 때도 쌍점을 사용합니다.

시와 분, 분과 초 구분

　　12시 26분 52초 → 12:26:52

대(vs)

4대 1로 앞선 상황 → 4:1로 앞선 상황

부제목

부제목을 나타낼 때 쌍점은 앞말에 붙여 쓰고 뒷말과는 띄어 씁니다.

수정 전

개발자를 위한 테크니컬 라이팅 가이드 : 50가지 팁

수정안

개발자를 위한 테크니컬 라이팅 가이드: 50가지 팁

물결표(~)

기간이나 거리 또는 범위를 나타낼 때 사용합니다. 다른 말이 덧붙을 수 있음을 표시하거나 이를 생략했음을 나타낼 때 씁니다.

범위

2시부터 6시까지 → 2시~6시

이때 물결표 앞뒤는 공백 없이 붙여 씁니다.

문장 중 생략 내용 표시

> 메일에서 '회의록은 ~ 참고하세요.'를 확인해 주시기 바랍니다.

큰따옴표(" ")

큰따옴표는 낱말이나 문장을 직접 인용할 때 사용합니다. 책 제목, 신문 이름을 나타낼 때도 사용합니다.

직접 인용할 때

> 배달 앱 기획자는 "앱을 직관적으로 사용할 수 있게 하는 것이 목표였습니다."라고 말했다.

책 제목을 나타낼 때

> 2021년에 출간된 "테크니컬 라이팅 기본"은 개발자가 글을 쓸 때 참고하면 좋은 책이다.

작은따옴표(' ')

작은따옴표는 문장의 중요한 부분을 강조할 때 사용합니다. 소제목, 그림이나 노래와 같은 예술 작품의 제목, 상호, 법률, 규정 등을 나타낼 때도 사용합니다. 인용한 말 안의 인용한 말을 나타낼 때도 씁니다.

인용한 말 안에 있는 인용한 말

"시각 자료를 활용하면 이해도가 높아집니다. '백문이 불여일견'이라는 말도 있듯이 말입니다."

문장 중 중요한 부분을 나타낼 때

문장에서 중요한 부분을 나타낼 때 큰따옴표를 사용하는 일이 많습니다.
데이터를 서로 비교할 때는 '표'를 사용하면 좋습니다.

문장에서 중요한 부분을 강조할 때 큰따옴표를 쓰는 일이 많은데, 작은따옴표를 사용하는 것이 문장부호 용례에 맞습니다.

소제목을 나타낼 때

문장부호 사용법은 '문장부호 바로 쓰기' 절을 참고합니다.

소괄호( )

소괄호는 보충할 내용을 덧붙일 때, 우리말 표기와 원어 표기를 같이 쓸 때 사용합니다. 생략할 수 있는 내용을 나타낼 때도 소괄호를 사용합니다.

주석이나 보충 내용을 덧붙일 때

이 책은 테크니컬 라이팅(기술 글쓰기)에 관해 다룬다.

우리말 표기와 원어 표기를 같이 쓸 때

스미싱(smishing)은 문자 메시지를 사용한 피싱 방법이다.

생략할 수 있는 요소임을 나타낼 때

변수 뒤에 조사를 쓸 때는 '을(를)', '이(가)'와 같이 씁니다.

이제 앞에서 소개한 예문의 문장 부호를 수정해 볼까요.

며칠 전 참석했던 좋은 세미나를 공유하고자 합니다.
세미나는 12. 27.~12. 28.에 진행되었습니다.
특히 "글쓰기: 테크니컬 라이팅 기본"이라는 세션이 재미있었습니다.
연사는 "꾸준히 연습하면 누구나 기술 문서를 잘 쓸 수 있다."라고 얘기했습니다.

이런 저런 이야기

섬네일, 설루션?!

스마트폰이 널리 보급되기 시작했던 때의 일입니다.

새 서비스의 상세설계서를 받고 텍스트가 적절한지 검토하다가 '어플리케이션'이란 표현이 눈에 띄었습니다. '어플리케이션'은 외래어 표기법에 맞지 않으니 '애플리케이션'으로 수정해 검토 의견을 전달했습니다.

다음날 기획자로부터 바로 연락이 왔는데 '애플리케이션'은 사용자에게 익숙하지 않으니 바꾸기 어렵다는 것이었다. 충분히 이해할 수 있는 일입니다.

그러나 틀린 표기임을 알고 그대로 쓰기에는 마음이 편치 않았습니다. 설득하려면 구체적인 데이터와 근거가 필요했습니다. '어플리케이션'과 '애플리케이션'을 검색해 보니 공신력 있는 미디어 매체에서는 이미 '애플리케이션'을 사용하고 있었습니다. Microsoft나 Google 등 현지화를 할 때 그 지역의 표준어를 잘 지키려 노력하는 글로벌 기업에서도 '애플리케이션'으로 쓰고 있었습니다. 결국 타사 사례를 근거로 들어 '애플리케이션'으로 고칠 수 있었습 니다.

그런데 앞에서 소개한 올바른 외래어 표기법을 보고 놀라지 않으셨나요. 특히 '섬네일'이나 '설루션(!)'에서요. 처음 '섬네일'과 '설루션'을 맞닥뜨렸을 때 차라리 모르고 당당하게 쓰던 때로 돌아가고 싶었습니다.

실제로도 틀린 걸 알면서 사용자를 배려해(어쩌면 나를 배려해) 익숙한 대로 두기도 합니다.

일례로, 서비스 가이드를 검토하다 '솔루션'을 '설루션'으로 고쳐 전달했더니 가이드에 오류가 있다는 사용자 제보가 들어왔습니다. 사유는 '오타'. 고민하다가 많은 사용자가 버그로 생각할 것 같아 '솔루션'으로 고쳤습니다. 그렇지만 마음이 편치 않았습니다.

반면 뉴스나 방송 자막에서는 외래어 표기법에 맞게 '설루션'으로 쓰기도 합니다.

다음 기사를 볼까요.

재택 근무, 코로나 19로 전환점 맞을까?

대한민국을 포함한 전 세계 기업이 원격·화상회의 설루션에 관심을 기울이고 있다. 직접 대면하는 의사소통과 비교해 이해도가 떨어지지만, 시간과 거리같은 물리적 제약이 없으며, 서로가 안전하고 편안한 환경에서 업무를 진행할 수 있다. 특히 미국이나 유럽처럼 국경과 지역사회가 폐쇄되는 단계에서는 원격회의 이외에 선택지가 없는 상황이다.

▲ 출처: "확산되는 재택 근무와 화상 회의, 주목할만한 서비스는?" IT 동아 2020. 04. 03.

'화상회의 설루션에 관심을 기울이고 있다'라고 썼습니다.

재미있는 것은 '설루션'만 놓고 보면 어색해서 어떻게 쓸까 싶지만, 막상 글 안의 '설루션'을 보면 눈치채지 못할 때도 많습니다.

'애플리케이션'이나 '섬네일'을 보고 고개를 가로저었다가 지금은 자연스레 넘기는 것처럼, 자꾸 쓰다 보면 '설루션'에 익숙해질 그날이 올 수도 있습니다. 아니, 어쩌면 '솔루션'이 올바른 표기법이 될 수도 있지 않을까요? 자장면이 짜장면이 된 것처럼.[1]

---

1 '짜장면'은 본래 '자장면'의 비표준어였으나 2011년 8월 국립국어원에서 '자장면'과 동일한 뜻으로 널리 쓰이는 것으로 판단하여 복수 표준어로 인정하였다(https://ko.dict.naver.com/#/correct/korean/info?seq=1000977).

개발자를 위한
글쓰기 가이드

3부

유형별 테크니컬 라이팅 사례로 본 작성의 원칙

메일 · 회의록 · 장애 발생 공지문 · 사용자 가이드

"무엇을 쓰든 짧게 써라.
그러면 읽힐 것이다.
명료하게 써라.
그러면 이해될 것이다.
그림같이 써라.
그러면 기억 속에 머물 것이다."

조지프 퓰리처

메일 작성

많은 조직에서 메일로 업무를 진행합니다. 특정 내용을 공유하거나 의사 결정을 받기 위해 등 목적은 다양합니다. 메일이 소통의 주요 수단이다 보니 하루에 주고받는 메일이 수십 통에 이르기도 합니다. 그러다 보니 메일 한 통을 읽는 데 시간을 오래 쓰기 어렵습니다. 따라서 쓰는 사람도 읽는 사람도 효율적으로 메일을 쓰는 것이 중요합니다.

7장에서는 효율적으로 메일을 쓰려면 어떤 것을 고려해야 할지 알아보겠습니다.

받는 사람이 궁금해할 내용을 쓴다

메일은 '하고 싶은 얘기'를 쓰는 것이 아니다

제품화팀 나길동 씨는 한글로 된 제품을 영문화하는 업무를 맡고 있습니다. 일관성 있는 영문 문서를 효율적으로 만들고자 번역 툴을 도입하기로 했습니다. 조직장에게 번역 툴 도입을 승인받고자 다음과 같이 메일을 작성해 보냈습니다.

안녕하세요. 제품화팀 나길동입니다.
번역 품질을 높이고 번역 시간을 단축하기 위해 번역 툴을 구매하고자 합니다.
구매하려는 툴은 AutoSuperTran이며, 가격은 50만 원입니다.
그럼 확인 부탁드립니다.
감사합니다.
나길동 드림

여러분이 조직장이라면 이대로 구매를 승인할까요?

짧은 메일을 보고 당장 떠오르는 질문만 해도 다음과 같습니다.

- AutoSuperTran 툴을 사면 현재보다 어떤 점이 나아지는가?
- 번역 속도가 얼마나 빨라지는가?
- 번역 품질이 높아지는가?
- 비교 대상이 된 툴에는 어떤 것이 있나?
- 각 툴의 장단점은 무엇인가?
- 선정한 툴이 다른 툴에 비해 나은 점은 무엇인가?
- 각 툴의 가격은 얼마인가?
- 툴의 라이선스 정책은 어떻게 되는가?
- 기술 지원 프로그램은 어떻게 되는가?

이번에는 같은 내용을 PPT 파일로 만들어야 한다고 가정해 보겠습니다.

'번역 툴 도입 배경과 선정 결과'를 주제로 PPT 보고서를 작성할 때는 위 메일처럼 간단하게 작성하지는 않았을 겁니다.

Word나 PowerPoint로 작성하는 보고서보다 메일은 간편하게 느껴집니다. 형식이 간편해졌다고 필요한 내용까지 생략하면 안 됩니다.

업무상 주고받는 메일은 정확한 사실을 특정 독자에게 전달한다는 관점에서 기술 문서로 볼 수 있습니다. 따라서 2부까지 살펴본 기술 문서 작성 원칙을 메일을 쓸 때도 적용해야 합니다.

특정 독자를 설정하고 독자가 궁금해할 내용을 모두 메일에 포함해야 합니다.

47 인사말과 맺음말은 과하지도 부족하지도 않게 쓴다

인사말 쓰는 방법

만나면 '안녕하세요' 인사하는 것처럼 메일을 처음 쓸 때도 인사말을 빼먹지 않아야 합니다. 간단한 인사와 함께 메일을 보내는 사람이 누구인지 밝히는 것부터 시작하는 것이 일반적인 메일 인사말 형식입니다.

다만 자기 소속을 밝힐 때 그룹, 센터 등 상위 조직까지 모두 쓸 필요는 없습니다. 꼭 필요한 경우가 아니라면 팀 이름만 간단히 적으면 됩니다.

인사말을 쓰고 본론으로 들어가려다 보면 인사말이 너무 짧게 느껴져 날씨 얘기 등을 덧붙이곤 하는데요. 이때 지나치게 인사말이 길어지지 않게 유의해야 합니다. 업무상 메일을 읽는 사람 대부분은 매우 바빠 요점부터 파악하고 싶어 합니다.

예문

> 안녕하세요, KM 개발그룹 기술사업센터 기술기획팀 류민훈입니다.
> 계속 되는 추위에 잘 지내고 계신지요.
> 봄이 올 것처럼 따뜻하더니 다시 또 한파가 몰아치고 있네요.
> 4월 초인데도 눈이 오다니, 점점 날씨가 이상해지는 것 같습니다.
> 이럴 때일수록 더더욱 건강 조심하시기 바랍니다. ^^
> 이렇게 메일을 드리는 것은 다름이 아니오라…

회사에서만 메일을 주고받는다면 소속팀만 간단하게 밝힙니다. 회사 외부로 메일을 보낼 때는 회사 이름을 추가합니다.

분위기를 환기하고자 안부를 묻고 싶다면 한두 줄 정도로 간단하게 끝내는 것이 좋습니다.

수정안 회사 내부용

> 안녕하세요, 기술기획팀 류민훈입니다.
> 추운 날씨에 잘 지내고 계신지요.

수정안 회사 외부용

> 안녕하세요, KM 기술기획팀 류민훈입니다.
> 연휴는 잘 보내셨는지요.

메일을 받는 사람을 보다 명확하게 하려면 받는 사람 이름과 직급을 적고 인사를 건네는 것도 좋은 방법입니다.

나길동 대리님, 안녕하세요.
KM 기술기획팀 류민훈입니다.

메일을 보낼 때마다 인사를 해야 하나요?

인사말은 메일을 처음 보낼 때 꼭 쓰는 것이 좋습니다. 하지만 짧은 시간 안에 같은 주제로 메일을 주고받는 경우라면 인사말을 생략하고 바로 용건을 써도 괜찮습니다.

맺음말 쓰는 방법

인사말과 마찬가지로 맺음말도 간단하게 적으면 됩니다. 같은 조직에서 주고받을 때는 간단한 인사와 이름을 적습니다. 외부에 보내는 좀 더 형식적인 메일에는 소속과 연락처 등이 포함된 맺음말을 씁니다. 회의 때 처음 만나 명함을 주고받는 것과 비슷하다고 생각하면 됩니다.

상황에 따라 자주 사용하는 맺음말 유형은 다음과 같습니다.

서로 잘 아는 회사 동료와 메일을 주고받을 때

기획팀 나길동 드림

가장 간단한 맺음말입니다. 메일을 여러 번 주고받았거나 같은 부서에 있는 사람끼리 사용합니다.

같은 회사지만 처음 메일을 주고받을 때

> 기획팀 나길동 과장
> 전화: 02-123-5678
> 휴대폰: 010-123-5678

소속과 함께 연락처도 적습니다.

회사 밖 거래처나 공식적인 메일을 주고받을 때

> 나길동 과장
> 기획팀
> KM 클라우드(kmcloud.urlrul.com)
>
> 서울시 강남구 테헤란로
> 전화: 02-123-1234
> 휴대폰: 010-1234-1234
> 이메일: gildong.na@emailaddress.com

회사 이름, 연락처 등을 자세히 적습니다. 필요하면 회사 로고나 팩스 번호, 직무를 추가해도 좋습니다. 각 항목의 순서는 조직에 맞게 일관되게 사용하면 됩니다.

메일 서명 설정

똑같은 맺음말을 매번 쓰는 것은 매우 번거로운 일입니다. 이럴 때는 대부분의 이메일 작성 프로그램에서 제공하는 '메일 서명' 기능을 활용합니다. 명함처럼 메일 서명을 한 번 만들어 두고 항상 메일 끝에 자동으로 첨부되도록 설정해 놓으면 편리하고 보기에도 좋습니다.

▲ NAVER 메일의 **환경 설정**에서 메일 서명을 설정한 예

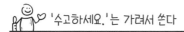 '수고하세요.'는 가려서 쓴다

메일 마지막에 맺음말이나 회의가 끝난 후, 업무를 마치고 먼저 나올 때 흔히 쓰는 말이 '수고하셨습니다.'나 '수고하세요.'입니다. 그런데 '수고하다.'는 동년배나 아래 직원에게는 써도 되지만, 윗사람에게는 써서는 안 되는 말입니다. '수고'의 뜻이 '고통을 받음'이기 때문이라는데요. '고생하세요.'도 비슷한 의미로 윗사람에게 쓰지 않아야 합니다. 그럼 '수고'를 대체할 말은 무엇이 좋을까요?

국립국어원의 "표준 언어 예절"에 따르면 '감사합니다', '안녕히 계세요.', '안녕히 가세요.'가 적절하다고 합니다. '수고하다.'와 좀 더 비슷한 의미로는 '애 많이 쓰셨습니다.'를 쓸 수 있고요.

메일 맺음말을 '수고하세요.'로 종종 썼다면 이제부터는 다른 말을 골라 맺음말로 사용해 보시기 바랍니다.

48 받는 사람을 명확하게 지정한다

메일은 한번 보내면 되돌리기 어렵습니다. 발송 취소 기능이 있는 메일 서비스도 있지만 모든 수신자를 대상으로 적용되는 것이 아니기 때문에 보내기 전에 반드시 꼼꼼하게 메일을 검토해야 합니다.

메일을 보내기 전에 먼저 받는 사람을 올바르고 명확하게 지정했는지 확인합니다.

받는 사람(To)

메일 내용을 반드시 알아야 할 사람, 메일을 받고 업무를 진행해야 하는 사람을 지정합니다.

참조(Cc, carbon copy)

메일 내용을 알아두면 좋은 사람, 지금 바로 일을 해야 하는 것은 아니지만 관련 있는 조직 담당자 등을 지정합니다.

숨은 참조(Bcc, blind carbon copy)

메일 내용을 알아 두면 좋지만, '받는 사람'이나 '참조'에 있는 사람에게 굳이 존재를 알리거나 메일 주소를 알릴 필요가 없을 때 사용합니다.

'받는 사람'이 너무 많아 주소 목록이 길어질 때도 사용합니다. 이때는 '받는 사람'에 대표 메일 주소를 적고 '숨은 참조'에 실제로 받는 사람의 메일 주소를 적습니다.

받는 사람을 지정할 때 종종 하는 실수는 메일을 읽고 바로 업무를 해야 할 사람을 '참조'에 넣는 것입니다. 사람마다 업무 관리 방법이 달라 '참조'로 온 메일은 별도 폴더로 이동하도록 자동으로 분류해 놓고 나중에 확인하는 경우도 있습니다. 소통을 제때 원활하게 하려면 메일을 보내기 전에 받는 사람과 참조를 올바르게 구분해 지정했는지 다시 한번 확인해야 합니다.

49 첨부 파일을 확인한다

첨부 파일을 넣었는지 확인하기

　메일 내용에 첨부 파일을 참고하라 해 놓고 파일을 첨부하지 않은 채 메일을 보낸 경험이 한 번씩은 있을 것입니다. 파일을 첨부해 다시 보내면 되지만 수신인이 많거나 여러 번 다시 보내야 할 때는 스팸 메일처럼 보일 수도 있습니다.

　첨부 파일이 있을 때는 메일 본문에 첨부 파일이 있다는 내용을 추가합니다.

더욱 자세한 내용은 첨부 파일을 참고하시기 바랍니다.

　첨부 파일이 여러 개일 때는 각 첨부 파일이 어떤 내용을 담고 있는지 추가합니다.

더욱 자세한 내용은 첨부 파일을 참고하시기 바랍니다.
– 화면 설계서: 프로젝트_화면_설계서.pptx
– 상세 일정: 프로젝트_일정.xlsx

첨부 파일 이름 확인하기

이름만 보고도 내용을 짐작할 수 있게 파일 이름을 지정합니다. 급하게 만들어 임시로 지정한 의미 없는 이름의 파일을 전달하지 않도록 주의합니다.

안 좋은 예

- asdf.docx
- 오리.zip

첨부 파일에 숨긴 내용이 있는지 확인하기

인사 담당자인 최 대리는 Excel 파일로 직원 정보를 관리합니다. Excel에 직원 이름, 주민등록번호, 전화번호, 주소 등 모든 정보를 입력해 놓았습니다. 보안 교육을 아직 듣지 않은 직원만 정리해 각 부서 조직장에게 보내려고 새 탭을 만들어 이름과 교육 이수 여부만 정리했습니다. 관련 부서에 Excel 파일을 전달하고 얼마 뒤 아차 싶었습니다. '전사 직원 정보' 탭을 삭제하지 않고 보낸 것입니다.

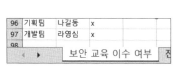

▲ Excel 파일의 시트 중에 삭제할 내용이 있는지 반드시 검토해야 한다.

개인정보는 특히 조심히 다뤄야 하므로 급하게 메일을 보내야 할 때도 첨부 파일 내용을 확인해야 합니다.

Excel 파일을 전달할 때는 탭뿐 아니라 숨긴 행이나 열이 없는지도 보내기 전에 다시 한번 확인하시기 바랍니다.

PPT 파일을 전달할 때도 '슬라이드 노트'에 메모해 놓은 것은 없는지, 숨긴 텍스트 상자나 도형은 없는지 꼭 확인해야 합니다.

메일 발송 전 체크리스트

메일을 보내기 전에 메일 내용뿐 아니라 다음 체크리스트에 있는 항목도 모두 확인해 보시기 바랍니다.

항목	확인
메일에 제목을 썼는가?	
받는 사람에 업무를 할 사람을 지정했는가?	
참고로 정보를 알아야 하는 사람을 모두 참조에 넣었는가?	
인사말이 너무 길지는 않은가?	
내 이름을 밝혔는가?	
상대방 이름이나 고유 명사를 정확하게 썼는가?	
필요한 파일을 첨부했는가?	
첨부 파일에 기밀 데이터나 개인 정보가 포함돼 있지 않은가?	

▲ 메일 발송 전 체크리스트

사생활을 언급하지 않는다

> "어제 새벽까지 게임을 하다 1시간 자고 출근했더니 교육 때 계속 졸았네 ㅎㅎ
>
> 안 그래도 뒤에서 보다가 웃겨 죽는 줄 ㅋㅋ
>
> 오늘은 잠깐 쉬고 내일 다시 게임 달려 보려고 ㅋㅋㅋㅋ"

입사 동기나 가까운 동료와 가벼운 농담이나 일상사를 나누곤 합니다. 하지만 회사 메일로 사생활을 주고받는 것은 삼가는 것이 좋습니다.

회사에서 주고받는 메일은 회사 서버에 저장되는 것이 대부분입니다. 별일 없다면 회사가 개인 메일을 들여다 볼 일은 없겠지요. 하지만 '이메일 불법 사찰'만 검색해 봐도 쉽게 사례를 찾을 수 있을 정도로 개인 메일 내용이 의도치 않은 특정인에게 노출되는 일이 생기기도 합니다.

그러니 회사 메일은 업무로만 사용하면 좋겠지요.

메일뿐이 아닙니다. 사내 메신저나 공용 폴더를 사용할 때도 마찬가지입니다. 메신저로 지나치게 사담을 많이 나누거나, 업무와 상관없는 파일을 주고받는 등의 일을 하지 않도록 합니다. 또한 사내에서 공용으로 사용하는 웹 드라이브에 영화나 음악 파일 등을 업로드하지 않게 유의해야 합니다.

자는 시간 빼고 하루에 가장 많은 시간을 보내는 회사. 익숙한 공간이라 회사에서 사용하는 메일도 모두 내 영역인 듯싶지만 업무 공간과 사생활 공간을 분리하고 관리할 수 있게 신경 써야 합니다.

8장

회의록 작성

회의록은 회의에서 주고받은 의견과 결론을 명확하게 기록하기 위해 작성합니다. 회의의 목적과 안건, 회의에 참여한 사람, 회의 결과를 시간이 지나서도 쉽게 파악할 수 있어야 합니다. 8장에서는 효율적으로 회의록을 작성하는 방법을 살펴보겠습니다.

50 회의록 구성 요소를 확인한다

회의록을 잘 써야 하는 이유

Y사의 주간 회의 시간. 새로운 Google Play 정책에 맞춰 앱 아이콘을 모두 교체하기로 했다.

- 디자인팀: 그래서 언제까지 해야 하나요?
- 기획팀: 지난 주에 얘기했듯이 7일까지입니다. 새 앱 아이콘 디자인 파일은 디자인 1팀에서 하기로 한 거 맞죠?
- 디자인팀: 네. 맞습니다. 좀 정리된 가이드를 줄 수 없나요?
- 기획팀: 가이드는 지원팀에서 작성하기로 했습니다.
- 지원팀: 아뇨. 저희 팀이 아니라 기획팀에서 하기로 했지요.
- 기획팀: 아닌 것 같은데요...(옆 사람을 돌아 보며) 기억나세요?
- 개발1팀: 기획팀 아닌가?
- 사업팀: 지원팀인 것 같아요. 명확하지 않으면 지금 다시 정하시죠.

주간 회의가 끝나고 일주일이 지나 다시 모였을 때 일주일 전 결정 사항을 기억하지 못하고 다시 협의했던 경험이 한 번씩은 있을 겁니다.

기억은 왜곡되기도 하고 조작되기도 합니다. 아예 기억나지 않을 때도 많습니다. 이러한 이유로 수많은 관계에서 크고 작은 다툼이 일어납니다.

기억을 오래 정확하게 보존하는 방법 중 가장 효율적이고 공유하기 쉬운 것이 글로 옮겨 놓는 것입니다. 이번 주 회의에서 지난 주에 협의한 내용을 반복하지 않으려면 회의록을 명확하게 작성해야 합니다.

회의록 구성 요소

회의록에는 회의한 일시, 참석자, 불참자와 사유, 회의 내용, 회의 결과와 담당자, 회의록 작성자 등을 자세히 적어야 합니다.

보통 회의록에 참석자는 적지만 불참자를 적는 일은 드문데, 시간이 지나 회의 안건을 다시 협의할 때 특정인만 내용을 모르고 있을 때가 있습니다. 차마 말은 못하지만 속으로 '왜 저 분은 회의 내용을 전혀 모르는가?' 의아한 적도 있을 겁니다. 회의 내용을 정말 잊어버린 경우도 많지만 회의에 참석하지 않아서라면 당사자는 억울할 수 있겠죠.

따라서 불참자와 불참 이유까지 적으면 '저 분은 기억을 왜 못할까?', '저번에 이야기 하지 않았느냐?'와 같은 불필요한 논쟁을 하지 않을 수 있습니다.

회의록에 반드시 들어가야 할 항목은 다음과 같습니다.

- 회의 일시
- 장소
- 참석자
- 불참자와 그 이유
- 회의록 작성자
- 회의 안건
- 안건별 결정 사항
- 안건별 담당자
- 안건 완료 예상일
- 다음 회의와 준비 사항 예고

51 회의록 작성 원칙을 기억한다

회의록을 쓸 때는 단순히 정리해서 공유할 목적인지, 혹은 연결해 처리할 업무가 있는지에 따라 명확하게 써야 합니다.

회의록을 작성할 때 지켜야 할 원칙은 다음과 같습니다.

미리 회의 안건을 공유한다

참석자의 시간을 효율적으로 활용할 수 있게 미리 회의 안건을 공유합니다. 특히 의사 결정을 해야 하는 안건이 있다면 참석자 각자가 의견을 정리해 올 수 있게 필요한 데이터도 전달합니다.

안건별로 담당자와 일정을 정한다

어떤 일을 해야 한다만 정리하고 각 안건을 처리할 담당자와 일정을 정하지 않은 채 회의를 끝낼 때가 있습니다. 후속 회의를 줄이려면 해야 할 일을 명확하게 정리하고 담당자와 일정도 참석자 모두에게 확인받아야 합니다.

회의 직후에 정리한다

시간이 흐르면 회의 내용을 조금씩 잊어버리게 됩니다. 가능하면 회의록은 회의가 끝난 직후에 정리하는 것이 좋습니다. 회의 때 나눈 협의 내용이 생생하게 기억날 때 받아 쓴 메모를 읽고 요점을 정리합니다.

의사 결정이 이뤄진 사항이 있다면 결과와 함께 협의 과정 중에 나왔던 의견도 요점을 간단하게 정리해 놓습니다.

회의록에는 요점만 정리한다

회의 성격에 따라 몇 시간씩 회의가 지속될 수 있습니다. 회의 참석자가 말한 내용을 그대로 받아 적는 식으로 작성하면 회의록을 참고하는 사람들이 내용을 파악하기 어렵습니다. 각 안건을 어떻게 결정했는지와 토론 사항을 요약해서 남겨야 합니다. 회의 내용을 받아 쓴 메모를 살펴본 후 반복되거나 중복된 내용을 정리해 요점만 남겨 둡니다.

중립 어조를 지킨다

회의록은 객관적으로 기록을 남기는 문서입니다. 회의에서 은어를 섞어서 얘기했더라도 문서로 정리할 때는 보편적이고 형식적인 표현으로 적습니다. 회의에서 언성이 높아지고 감정이 상하는 내용이 오고갔더라도 비난 어조로 작성하지 않아야 합니다.

작성 후 검토한다

회의록 작성이 끝나면 다른 기술 문서와 마찬가지로 배포 전에 검토를 해야 합니다. 특히 회의록에 적은 시간과 참석자, 불참자가 정확한지 확인합니다. 이름이나 부서를 잘못 쓰지 않았는지도 살펴봅니다. 회의록을 다양한 분야의 사람들이 봐야 한다면 약어나 용어 풀이도 추가해야 합니다.

일정 공간에 배포한다

자기 검토가 끝난 회의록은 일단 참석자에게 배포해 수정 사항이 있는지 검토를 받습니다. 수정 사항이 있다면 반영한 후 회의록을 봐야 하는 모든 사람에게 배포합니다.

배포 방법은 메일이나 조직 게시판, 사내 위키 등 미리 정한 곳에 같은 방식으로 해야 몇 년이 지나도 기록을 쉽게 찾을 수 있습니다.

회의록 작성 예시

공유만 하고 그치는 용도가 아니라면 어떤 내용을 협의했고 협의 결과 누가, 무엇을, 언제까지 하기로 했는지를 분명히 밝혀야 합니다.

다음 회의록을 보고 수정 사항이 있는지 살펴보겠습니다.

▼ 예시

개발기획팀 주간 회의록

- **일시**: 2020. 12. 3.(목) 15:00~15:40
- **장소**: 11-2 회의실
- **참석자**: 개발기획팀 나길동, 강소리, 한두리, 편희영
- **회의 내용**
  1. Google Play 새 아이콘 앱 정책 적용 협의
  2. 사내 메일 장애 보고서 공유
- **기타**
  다음 달 말쯤 부서 워크숍 예정, 장소와 정확한 날짜는 추후 공지

예시로는 회의 내용을 알 수 있으나 누가 무엇을 언제까지 하기로 했는지는 알 수 없습니다.

안건별 담당자와 일정을 포함해 수정해 보면 다음과 같습니다.

2020년 12월 1주 차 개발기획팀 주간 회의록

- **일시**: 2020. 12. 3.(목) 15:00~15:40
- **장소**: 11-2 회의실
- **참석자**: 개발기획팀 나길동, UI디자인팀 강소리, 개발팀 한두리
- **불참자**: 편희영(외부 교육)
- **회의 내용**
  1. Google Play 새 아이콘 앱 정책 적용 협의
     - 새 아이콘 적용 안내문 공지: 강소리(~12. 8.)
     - 새 아이콘 디자인 완료: UI디자인팀 강소리(~12. 11.)
     - 새 아이콘 적용: 개발팀 한두리(~12. 17.)
  2. 사내 메일 장애 보고서 공유: 개발팀 한두리(~12. 22.)
- **기타**

  2월 말쯤 부서 워크숍 예정, 장소와 정확한 날짜는 추후 공지

여러 팀, 혹은 회사 외부에도 공유하는 회의록이라면 좀 더 형식을 갖춘 다음 예를 참고합니다.

[2020. 12. 10.] 개발기획팀 주간 회의록

- **일시**: 2020. 12. 10. (목) 15:00~15:40 (40분)
- **장소**: 11-2 회의실
- **참석자(4명)**
  - 개발기획팀: OOO 팀장, OOOO 전임
  - UI디자인팀: OO 책임, OOO 사원
- **불참자(1명):** OOO 선임(외부 교육)
- **작성자:** OOOO 전임(내선: 3084)

안건

- (유형) 안건 제목
- (협의) Google Play 새 앱 아이콘 적용 – 12. 18. (금)까지 개발 완료 목표
- (승인) 지스타 참석(OOOO 전임) – 승인

협의 결과(또는 이후 할 일)

- **안건 1**
  - 할 일: 소속 담당자(일정)
- **Google Play 새 앱 아이콘 적용**
  - 아이콘 디자인 완료: OO 책임(~12. 11.)
  - 새 아이콘 적용: OOOO 전임(~12. 18.)

회의 내용

- **안건 1**
  - 자세한 배경 설명과 협의 내용
  - 참고 사항
- **Google Play 새 앱 아이콘 적용**
  - Google Play의 앱과 게임에 새 아이콘 사양이 도입됨에 따라
    이에 맞게 기존 아이콘 변경 필요
  - 참고: Google Play 아이콘 디자인 사양 페이지

다음 일정과 안건

2021. 12. 17. (목) 15:00~16:00 (1시간), 11-2 회의실
- (공유) Google Play 새 앱 아이콘 적용 진척도 공유

- 제목: 회의록 제목은 회의 날짜와 회의록 유형을 알 수 있게 작성합니다.
- 일시와 참석자: 회의 일시, 장소, 참석자, 불참자와 사유를 적습니다. 회의록에 궁금한 점이 있을 때 연락할 '작성자'도 추가합니다.
  참석자를 적을 때 호칭이나 존칭은 생략해도 괜찮습니다. 다만, 외부 업체와 공유하는 회의록이나 직급을 명확히 나타내야 할 때는 호칭을 추가합니다.
- 안건: 회의에서 다룬 안건과 주요 결정 사항을 간략히 정리해 추가합니다.
- 협의 결과 또는 할 일: 회의에서 결정된 '협의 결과'나 '할 일'을 담당자, 기한과 함께 작성합니다. 회의 내용을 다 읽지 않고도 결론을 알 수 있게 회의록 앞부분에 핵심 내용이 나오도록 배치하면 좋습니다.
- 회의 내용: 안건별로 협의한 내용 중 주요 내용을 적습니다. 참고할 내용이 많다면 별도 문서를 첨부하거나 페이지 링크를 추가합니다.
- 다음 일정과 안건: 다음 회의 일정과 협의할 안건을 추가합니다. 아직 정해진 안건이 없다면 안건을 취합한 후 나중에 추가해도 됩니다.

회의록 작성은 가볍게 생각하기 쉽습니다. 하지만 시간이 지나도 협의 내용과 결과를 분명하게 알 수 있게 결정 사항과 근거, 참고 사항을 가독성 있게 정리해 두는 것이 중요합니다.

직장에서는 압존법을 쓰지 않는다

"안녕하세요. 저는 나길동 대리입니다. 어제 회의 때 이사님께서 부장님이 어디 갔냐고 물어보시더라고요. 직급이 더 높은 분께 말할 때는 부장님이라도 높임말을 쓰지 않는 거라고 얼핏 들은 것 같은데요. 그럼 '이사님, 김 부장은 지금 오는 중입니다.'라고 말해야 하나요. 너무 버릇없어 보이고 어색해서 대답을 바로 못하겠더라고요."

'압존법'이란 높여야 할 대상이지만 듣는 이가 더 높을 때 그 공대를 줄이는 어법을 말합니다. '가정'에서는 압존법을 쓰는 것이 전통이고 표준 화법입니다만, '직장'에서는 쓰지 않는 것이 언어 예절에 맞습니다. 따라서 듣는 사람인 이사님이 부장님보다 더 높은 사람이지만, '이사님, 김 부장님은 지금 오시는 중입니다.'라고 편하게 말하면 됩니다.

9장

오류와 확인 메시지 작성

메시지는 제품이나 서비스를 사용할 때 나타나는 확인, 알림, 오류 등의 안내 문구를 말합니다. 단순히 참고하고 지나가도 되는 메시지에서 사용자가 반드시 읽고 다음 동작을 선택해야 하는 오류 메시지까지 종류도 다양합니다. 9장에서는 다음 작업을 수행하려면 반드시 읽어야 하는 오류 메시지와 확인 메시지를 작성할 때 유의할 점을 알아보겠습니다.

52 확인 메시지 작성법

확인 메시지

제품이나 서비스를 사용하다 보면 선택을 해야 하는 상황을 만나곤 합니다.

파일을 저장하지 않고 프로그램을 닫으려 할 때도 다음과 같은 대화 상자에서 원하는 작업을 선택해야 합니다.

▲ 확인 메시지

이와 같이 내용을 읽고 사용자가 어떤 행동을 할지 선택하게 하는 메시지를 '확인 메시지'라고 합니다. 보통 확인 메시지는 대화 상자 형태로 나타납니다.

확인 메시지에 완전한 정보 담기

확인 메시지는 사용자가 어떤 작업을 하기 전에 알아두어야 하는 내용을 안내하는 메시지입니다. 단순히 내용을 안내할 수도 있고 몇 개 선택 항목 중에 선택하게 할 수도 있습니다.

어떤 작업을 할지 선택하려면 정보가 충분해야 합니다. 특히 작업을 실행한 후 되돌릴 수 없는 경우라면 더 세심하게 메시지를 작성해야 합니다.

선택에 필요한 정보를 빠짐 없이 담았는지 여러 번 확인해야 합니다.

웹 드라이브에서 휴지통에 있는 항목을 삭제할 때 나타나는 확인 메시지를 살펴보겠습니다.

▲ 웹 드라이브에서 휴지통 속 항목을 삭제할 때의 확인 메시지

메시지 안내대로 휴지통에 있는 모든 항목을 삭제하려면 **확인**을 클릭하고 삭제하지 않으려면 **취소**를 클릭하면 됩니다.

그런데 이 정보면 충분할까요?

보통 휴지통이 아닌 폴더에서 항목을 삭제하면 바로 삭제되지 않고 휴지통으로 이동돼 실수로 삭제한 항목은 복원할 수 있습니다. 실행한 것을 되돌릴 수 있는 것이죠. 그런데 휴지통에서 항목을 삭제한 경우에는 다시 되돌릴 수 없습니다. 따라서 작업을 되돌릴 수 없다는 것을 다시 한번 강조해야 합니다.

▲ 선택한 항목을 완전히 삭제한다는 것을 묻는 확인 메시지

위와 같이 메시지를 전달해도 실수로 데이터를 삭제할 수 있으므로 삭제 작업은 취소할 수 없다는 것을 강조하면 더 좋습니다.

▲ 주의를 끌 수 있도록 문구를 조정한 확인 메시지

'경고'라는 말 대신 강조하는 단어나 문장에 본문과는 다른 색깔을 적용해 눈에 띄게 할 수도 있고, 아이콘을 넣어 주의를 끌게 할 수도 있습니다.

53 오류 메시지에서 중요한 것은 해결 방법

오류 메시지

확인 메시지와 달리 오류 메시지는 작업을 완료할 수 없는 문제를 설명하기 위해 표시하는 텍스트입니다.

다음은 저장 공간이 부족해서 파일 업로드를 완료할 수 없다는 오류 메시지입니다.

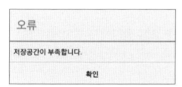

▲ 웹 드라이브에 파일을 업로드할 때 표시된 오류 메시지

확인 메시지나 오류 메시지 모두 다음 단계로 넘어가려면 반드시 읽고 적절한 작업을 수행해야 합니다. 다만, 오류 메시지에서는 현재 상태 외에 해결 방법도 알려줘야 합니다

오류 메시지에 꼭 들어가야 하는 내용을 자세히 살펴보겠습니다.

무료 웹 드라이브에 파일을 업로드하다가 다음과 같은 메시지를 만났습니다.

▲ 파일 업로드하는 중에 표시된 오류 메시지

파일을 업로드하지 못한다는 메시지가 나오더니 업로드 작업이 중지됩니다. 그럼 계속 업로드하고 싶다면 어떻게 해야 할까요.

이 메시지만으로는 왜 파일을 업로드하지 못하는지, 어떻게 하면 파일을 업로드할 수 있는지 알 수 없습니다. 알 수 있는 것은 파일을 업로드하지 못한다는 현재 상태뿐입니다.

다른 안내가 없으니 크기가 작은 파일을 다시 업로드해 봅니다. 파일 이름도 바꿔 시도해 봅니다. 그래도 해결이 안 되면 고객 센터에 문의하거나 도움말을 찾아보는 번거로운 과정을 거치게 됩니다.

명확한 해결 방법이 한 줄만 있었어도 사용자는 따로 시간을 허비할 필요가 없었겠지요.

오류 메시지가 다른 메시지보다 중요한 이유는 읽고 그냥 무시할 수 '없는' 메시지이기 때문입니다. 참고나 단순 알림 메시지는 제대로 읽지 않아도 제품이나 서비스를 사용하는 데 문제가 없습니다. 하지만 오류 메시지는 이후 작업에 영향을 미칠 수 있어서 꼭 읽어야 하는 메시지입니다.

좋은 오류 메시지 작성하기

그럼 메시지를 어떻게 수정해야 할까요.

좋은 오류 메시지에는 상태, 원인, 해결 방법을 모두 담아야 합니다.

> 오류 메시지 3요소: 상태, 원인, 해결 방법
>
> - **상태** : 사용자 관점에서 문제가 발생한 상태를 설명하는 것입니다. 어려운 용어나 코드를 쓰지 말고 쉽게 씁니다.
> - **원인** : 문제가 발생한 이유를 설명합니다.
> - **해결 방법** : 문제를 어떻게 해결해야 하는지 알기 쉽게 설명합니다. 참고로 알아두면 좋은 내용도 소개합니다.

앞의 메시지를 상태, 원인, 해결 방법에 맞춰 살펴보겠습니다.

1단계 - 오류 원인과 상태를 추가하기

'파일을 업로드하지 못한' 상태만 알 수 있습니다. 여기에 원인을 추가해 보겠습니다. 원인은 파일을 저장할 공간이 부족해서입니다.

상태와 원인까지 추가했습니다. 해결 방법은 웹 드라이브에서 저장 공간을 확보하고 다시 파일을 업로드해 보는 것입니다.

추가하면 다음과 같습니다.

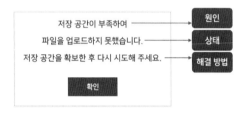

2단계 - 오류 해결 방법을 추가하기

이제 상태, 원인, 해결 방법이 모두 있는 메시지를 완성했습니다. 그런데 이 대로 충분할까요.

사용자에 따라 그럴 수도, 아닐 수도 있습니다. 만약 웹 드라이브를 사용해 봤던 사용자라면 '저장 공간을 어떻게 확보하는지' 따로 설명이 없어도 쉽게 알 수 있습니다. 그런데 웹 드라이브 사용에 익숙하지 않은 사용자라면 저장 공간을 확보하는 방법을 몰라 당황할 수 있습니다. 따라서 저장 공간을 어떻게 확보할 수 있는지를 설명해야 합니다.

다음은 사용하지 않는 파일을 삭제하라는 구체적인 해결 방법을 추가한 메시지입니다.

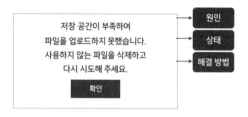

3단계 – 부연 설명 추가하기

웹 드라이브 저장 공간에서 흔히 놓치는 것이 '휴지통'입니다. 따로 설정하지 않으면 삭제한 파일은 보통 휴지통으로 이동하는데, 사용자는 이미 파일이 삭제됐다고 생각합니다. 따라서 휴지통의 파일도 공간을 차지한다는 것을 안내해야 추가 질문이 적어집니다.

해결 방법에 휴지통을 비우는 것까지 안내해 완성한 메시지는 다음과 같습니다.

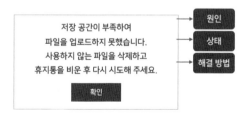

이렇듯 짧은 메시지를 쓸 때도 대상 독자에 따라 정보량을 조절해야 합니다.

54 메시지에서도 제목을 활용한다

확인 메시지나 오류 메시지는 페이지 전체를 사용하는 일이 거의 없습니다. 대부분 대화 상자나 툴팁 등 좁은 공간을 사용합니다. 특히 모바일 환경에서는 메시지를 쓸 수 있는 공간이 더 좁아집니다. 따라서 무엇보다 간결하게 쓰는 것이 중요합니다.

한정된 공간에서 효율적으로 메시지를 전달하려면 주어진 공간에서 버리는 곳이 없어야 합니다. 그럴 때 활용하면 좋은 요소가 '제목'입니다.

내용을 요약한 제목 추가하기

문서를 쓸 때도 제목은 하위 내용의 핵심을 적어야 한다고 앞서 얘기했습니다. 메시지에서도 마찬가지입니다. 의미 없는 제목 대신 내용을 함축한 제목을 적어야 합니다.

예를 살펴보겠습니다.

메시지의 제목은 '확인'입니다. '확인'이라는 제목으로는 메시지 내용을 파악할 수 없습니다.

직관적인 제목으로 표현하기

상황과 내용을 파악할 수 있게 직관적인 제목으로 바꿔 보겠습니다.

특히 이 대화 상자는 휴지통 비우기를 클릭했을 때 나타나는 대화 상자이므로 클릭한 버튼이나 메뉴 이름과 동일하게 대화 상자 제목을 설정합니다.

확인이나 오류 메시지 대화 상자 제목을 '오류', '확인' 등과 같이 사용하는 것보다 상황을 파악할 수 있게 요점을 적으면 보다 직관적이고 빠르게 다음 단계를 실행할 수 있습니다.

직관적인 버튼 텍스트를 만든다

메시지를 간결하고 직관적으로 작성한 다음에 중요하게 살펴야 하는 것이 바로 '명령 버튼'입니다. 안내를 읽고 다음 동작을 하려면 원하는 명령 버튼을 눌러야만 합니다. 이처럼 명령 버튼은 사용자 선택과 결과에 직접 영향을 주기 때문에 무엇보다 직관적으로 작성해야 합니다.

좋은 명령 버튼은 메시지를 읽지 않고 명령 버튼만 보고도 원하는 동작을 할 수 있게 하는 것입니다. 그러려면 버튼에 상황이 구체적으로 드러나야 합니다. 요즘은 이미 많은 제품과 서비스에서 구체적인 버튼 텍스트를 사용합니다.

다음은 Windows에서 파일을 이동할 때, 이름이 같은 파일이 이미 있을 때 나타나는 확인 메시지입니다.

246

그럼 앞에서 살펴본 예를 계속 활용해 버튼 텍스트를 어떻게 수정하면 좋을지 살펴보겠습니다.

메시지 안내대로 휴지통에 있는 모든 항목을 삭제하려면 **확인**을 클릭하고 삭제하지 않으려면 **취소**를 클릭하면 됩니다.

조금 더 직관적인 방법을 생각해 보겠습니다. 버튼을 보고 다음 동작을 바로 알 수 있게 바꾸면 좋지 않을까요.

단순히 **확인/취소** 쌍으로 된 버튼보다 어떤 동작을 하는지 바로 알 수 있게 자세하게 버튼 이름을 지정하는 편이 좋습니다. 특히 **확인/취소** 버튼을 피해야 할 때는 취소할 것인지 묻는 확인 메시지에서입니다.

다음은 결제를 취소할 것인지 묻는 확인 메시지입니다.

결제를 취소하고 싶다면 어떤 버튼을 클릭해야 할까요?

결제를 취소하는 것을 확인하는 것이니 **확인** 버튼을 클릭해야 할지, 취소하겠다는 의사를 밝히는 것이니 **취소** 버튼을 클릭해야 할지 헷갈립니다.

이처럼 취소를 묻는 확인 메시지에서는 버튼 텍스트를 **확인/취소**로 적지 않아야 합니다.

이때는 상황을 구체적으로 알 수 있는 텍스트로 수정해야 합니다.

이제 결제를 취소할지 계속할지를 버튼만 보고도 선택할 수 있습니다.

10장

장애 발생 공지문 작성

항상 주의해서 정기적으로 시스템을 점검해도 간혹 장애가 발생해 당황하는 일이 생깁니다. 장애가 발생하면 최대한 빠르게 사용자에게 장애 발생 사실을 알려야 합니다. 또한 내부적으로는 장애가 발생하면 같은 유형의 장애가 발생하지 않도록 원인과 재발 방지 대책을 정리해 놓아야 합니다. 10장에서는 장애 보고서에 꼭 포함해야 하는 내용을 알아보겠습니다.

56 장애 발생 공지문의 기본 요소: 장애 발생 직후

최 대리 : 메신저가 안 되는데... (옆 사람을 바라보며) 대리님, 메신저 지금 잘 되세요?

김 대리 : 잠깐만 한번 볼게요. 어, 나도 안 되는데. 메신저에 문제가 생겼나?

최 대리 : 그쵸, 문제 맞는 것 같은데.... 게시판에는 아직 공지가 없네요.

(일어나서 다른 곳에서도 웅성거림이 시작됐는지 파악해 본다.)

－ 사내 메신저 장애가 발생한 날의 사무실 풍경

장애가 발생하면 원인을 찾기 전에 먼저 장애가 발생했음을 사용자에게 빠르게 알려야 합니다. 일단 장애 발생 사실부터 알리고 원인을 찾아 해결 중인 상황을 알려야 합니다.

간혹 원인을 파악하느라 공지가 늦어지는 일이 있는데, 그동안 사용자는 본인의 실수로 원하는 작업을 수행할 수 없는지, 제품에 문제가 있는지를 파악하느라 따로 시간을 허비하게 됩니다.

최초 장애 발생 공지는 간단하게 사실을 알리는 내용으로 작성합니다. 그리고 이후 진행 상황을 어디에서 확인할 수 있는지도 함께 안내해야 합니다.

장애 발생 직후에 작성한 공지문에 포함해야 하는 기본 요소는 다음과 같습니다.

- 장애 내용: 현재 상황을 알리고 사용자에게 미치는 영향을 알립니다.
- 진행 상황: 장애가 발생한 것을 알고 있고 적극적으로 해결하려 노력 중임을 알립니다.
- 장애 공지 위치: 진행 상황을 어디에서 확인할 수 있는지 알립니다. 고객 센터 게시판, 공식 블로그나 Twitter, Facebook 등이 될 수 있습니다. 정보를 어디서 찾아야 하는지 사용자가 헤매지 않게 항상 같은 곳에서 장애 공지를 확인할 수 있게 준비해 놓아야 합니다.

장애가 발생했음을 알리는 공지문의 예를 소개하면 다음과 같습니다.

안녕하세요, KM 클라우드 서비스입니다.
5월 29일 오후 5시부터 메시지 일부가 제대로 전달되지 않는 문제가 발생하고 있습니다. 현재 원인 파악 중이며, 최대한 빠르게 해결할 수 있게 노력하겠습니다.
이후 상황은 '공지 사항'에서 다시 알려 드리겠습니다.
서비스 이용에 불편을 드려 죄송합니다.

감사합니다.
KM 클라우드 서비스 드림

실제 서비스의 장애 발생 공지문 몇 개를 살펴보겠습니다.

다음은 한 블로그 서비스 장애를 공지한 글입니다.

[복구중] 블로그 접속 장애 안내

안녕하세요.
블로그 서비스팀입니다.

3월 11일 오후 9시 51분 부터 블로그 접속에 문제가 있어서, 현재 복구 중에 있습니다.
최대한 빠른 시간안에 안정적으로 복구할 수 있도록 하겠습니다.

갑작스럽게 사용에 불편을 드려 대단히 죄송합니다.
복구 후, 다시 안내 드리도록 하겠습니다.

2020년 3월 11일
네이버 블로그 서비스팀 드림

▲ 출처: 네이버 블로그 서비스

다음은 음악 서비스 장애 공지 예입니다.

홈	공지사항	자주 하는 질문	나의 문의 내역	DCF 지원 기기
0	안내	모바일앱 서비스 장애로 불편을 드려 죄송합니다.	20,735	2019.04.12

2019.04.12(금) 오후 6시부터 갑자기 증가된 트래픽으로 인해
멜론 모바일 앱 서비스 이용에 제한이 발생하고 있습니다.
불편을 겪고 계신 고객님들께 진심으로 사과드립니다.

현재 모든 직원이 서비스 정상화를 위해 작업 중에 있습니다.
장애로 인해 실시간차트는 20시부터 서비스될 예정입니다.

빠른 조치를 취하지 못한 점 다시 한 번 사과드리며,
향후 동일한 장애가 발생하지 않도록 철저히 점검하고 대비하겠습니다.

감사합니다.

장애가 언제부터 발생했고 현재 상황은 어떤지 알려 줍니다.

이런 저런 이야기

장애 발생 공지는 어디에?

"운영 중인 블로그 서비스에 장애가 발생했습니다. 지금까지 공지 사항도 블로그에 게시해 사용자와 소통했는데, 블로그에 접속하지 못하니 장애 공지를 어디에 해야 할지 몰라 당황스러웠습니다."

지금은 블로그, Twitter, Facebook, YouTube 채널 등을 동시에 운영하는 곳이 많아 문제없지만 SNS가 활성되기 전에는 갑자기 발생한 장애를 어디에 공지해야 할까 당황할 때도 있었습니다.

장애가 발생했을 때를 대비해 사용자와 소통하는 창구를 몇 개 만들어 두고, 미리 문제가 생겼을 때 진행 상황을 알 수 있는 곳을 안내하면 좋습니다.

사용자와의 소통을 최우선으로 생각해 경쟁사 서비스를 사용하는 데에도 주저하지 않아야 합니다.

▲ 2019년 3월 17일 Facebook 오류를 Twitter에 공지한 사례(출처: Facebook Newsroom Twitter (https://twitter.com/fbnewsroom/status/1107117981358682112?s=20))

장애가 발생하거나 중요 공지 사항이 생기면 어디서 확인하면 되는지 미리
사용자에게 알려 놓으면 좋습니다.

57 장애 해결 공지문의 기본 요소: 장애 해결 후

장애를 모두 해결한 후에는 장애 요약, 장애 영향을 받는 서비스, 원인, 재발 방지 대책을 포함한 공지를 작성해야 합니다.

고객의 상황에 진심으로 공감하고, 특히 유료 서비스 사용자가 장애로 손해를 입었을 때는 보상안도 포함합니다.

장애 공지문의 기본 요소

장애를 해결한 후에 작성하는 공지문에는 다음 내용을 포함해야 합니다.

- 장애 발생 시각과 지속 시간: 장애가 언제 발생했고 얼마간 지속됐는지를 알립니다.
- 장애 발생 원인: 장애가 발생한 주요 원인을 적습니다.
- 사용자 불편에 공감: 장애로 사용자가 입은 손해와 불편에 진심으로 공감합니다. 단순히 '불편을 드려 죄송하다'보다는 구체적으로 어떤 점에서 불편을 느꼈을지 공감하는 것이 좋습니다.

- 보상 방안: 금전적 손해가 발생했다면 어떻게 보상할지를 포함합니다.
- 재발 방지 약속: 같은 장애가 다시 발생하지 않도록 어떻게 노력할지 적습니다. 이때 지킬 수 없는 무리한 약속은 하지 않아야 합니다. 예를 들어 절대로 같은 장애가 발생하지 않게 한다거나, 다음 장애가 발생했을 때는 5분 안에 해결하겠다거나 하는 약속은 하지 않습니다.

장애 공지 작성 사례

장애 공지문

장애 공지를 쓸 때도 핵심이 앞에 나오도록 써야 합니다.

> 안녕하세요. KM 메시지 전송 서비스입니다.
> 국내 최고 KM 메시지 전송 서비스를 이용해 주시는 고객님께 감사의 말씀을 드립니다. 지난번 발생한 장애와 관련해 해결 결과를 다음과 같이 안내해 드립니다.

예에서는 한 문단을 읽기까지 핵심 내용을 파악할 수 없습니다. 인사는 간단하게 하고 바로 요점을 적습니다.

장애 해결 이후 게시된 공지문 예를 몇 개 살펴보겠습니다.

장애 해결 후 공지문

다음은 블로그 서비스 장애를 해결한 후 공지된 글입니다.

장애 발생 시각, 원인, 재발 방지 약속을 담았습니다.

[복구완료] 블로그 접속 장애 안내

안녕하세요.
블로그 서비스팀입니다.

3월 11일 오후 9시 51분부터 동일 오후 11시 22분까지 약 1시간 30분 가량
블로그 접속이 정상적으로 이루어지지 않았습니다.

최근 코로나 정보가 각 지자체의 공식 블로그를 통해 나감에 따라
블로그 서비스에서도 사전에 트래픽을 대비하면서 서버 증설을 하여
비상사태에 준비 하였으나 금일은 코로나 확진자 동선 안내에 따른
동일시간대 평소대비 약 30배 많은 사용자가 접근하여 서버 과부하가 발생되었습니다.

현재는 복구가 완료되어 정상적으로 이용하실 수 있습니다.

갑작스런 오류로 장시간 불편을 드린 점 진심으로 사과드립니다.
앞으로 이런 일이 발생하지 않도록 최대한 사전에 점검하고 살펴
보다 안정적인 서비스를 계공할 수 있도록 하겠습니다.

불편을 드린 점 다시 한 번 사과드립니다.

2020년 3월 11일
네이버 블로그 서비스팀 드림

다른 예를 하나 더 보겠습니다.

역시 장애 발생 시각, 사과의 말, 원인, 재발 방지 약속이 있습니다.

어학사전 알림장

사전홈 접속 장애에 대해 사과드립니다

 딕씨 ⊘
2018. 8. 6. 17:38   + 이웃추가   ⋮

안녕하세요.
네이버 어학사전팀입니다.

오늘 2018년 8월 6일 오후 3시 22분부터 4시 51분까지 PC와 모바일 환경에서 네이버 사전홈/전체
검색 페이지에 접속되지 않는 장애가 발생하였습니다.

서비스 중단에 진심으로 사과 말씀드립니다.
현재는 서비스를 정상적으로 제공 중입니다.

장애의 원인은 사전 전체 검색결과의 기능 오류를 수정하는 과정에서 발생하였습니다.

이용에 불편을 끼쳐 대단히 죄송합니다.
앞으로 안정적인 서비스를 위해 각별히 노력하겠습니다.

네이버 어학사전팀 드림

장애로 인한 보상안 공지문

다음은 보상안을 포함한 공지 예입니다.

장애 발생 시각, 장애 원인, 보상 대상자와 보상안을 확인할 수 있습니다.

홈	공지사항	자주 하는 질문	나의 문의 내역	DCF 지원 기기
1	안내	서비스 장애로 인한 사과 및 이용권 보상 안내 드립니다.	21,521	2019.04.13

4/12(금), 4/13(토) 양일간 발생한 장애로 인해 서비스 이용에 불편을 드려서 진심으로 죄송합니다.

전 세계적으로 큰 주목을 받고 있는 아티스트의 음원 발매에 따른 트래픽 증가량이 예상보다 많아 12일에 1시간 45분 가량의 장애가 발생하였고
13일에는 폭증하는 트래픽을 대응하기 위한 시스템 및 서버 보완 작업 중에 약 1시간 15분 가량의 장애가 추가 발생하게 되었습니다.
예상치 못한 장애 발생으로 고객님들께 불편을 드린 점 다시 한 번 깊이 사과드립니다.

멜론 이용권을 보유하신 모든 고객님의 사용 기간은 2일간 연장될 예정입니다.

■ 대상자: 4월 13일 오후 9시 30분 현재 기준, 멜론 이용권(정기결제 및 티켓 이용권) 보유한 고객 전체
- 정기결제 이용권 : 정기결제 일자 변경(기존 일자+2일)
- 티켓 이용권 : 기존 만료일+2일
※ 4월 12일이 이용기간 마지막 날이었던 고객은 멜론 캐쉬 1,000원 적립

■ 연장 적용 시점: 4월 14일(일)

■ 확인 방법
모바일: 설정 > 내정보 > 내 구매정보
PC : 내정보 > 내 이용권/결제정보

멜론은 시스템 점검 및 대비를 철저히 하여 향후 이와 같은 일이 재발하지 않도록 모든 노력을 기울이겠습니다.

감사합니다.

58 장애 보고서 작성: 내부 보고와 기록용

사용자에게 전달하는 장애 공지 외에 내부에서 확인하고 참고할 수 있게 장애 보고서도 작성해야 합니다. 장애 보고서는 공지문보다 더 자세하게 처리 내용을 담아야 합니다.

장애 보고서의 목적은 누가 잘못했는지 찾아내려는 것이 아닌, 같은 장애가 다시 발생하지 않도록 예방하려는 것입니다. 따라서 장애 발생 시간과 장애 발견 시간, 해결 과정, 발생 원인, 영향을 준 서비스, 재발 방지 대책을 되도록 자세하게 기록해 놓아야 합니다.

장애 보고서 작성 항목

조직마다 장애 보고서 형식이 조금씩 다르겠지만 기본적으로 포함해야 하는 내용을 정리하면 다음과 같습니다.

▼ 장애 보고서에 포함해야 하는 항목별 내용

항목	내용
문제 요약	요점 장애가 발생한 시간 장애를 해결한 시간 장애로 인한 영향 원인
타임라인	시간대별 정리 장애가 발생한 시간 장애를 처음 알게 된 시간 장애 조치와 결과
원인	자세한 장애 발생 원인
해결 방법과 복구 결과	자세한 해결 방법과 복구 결과
재발 방지 대책	같은 문제가 발생하지 않도록 협의한 결과와 대책

장애 보고 템플릿 사례

요약	문제 요약 – 장애 발생 시간 예) KM 메시지 전송 서비스 장애 – 2020. 12. 11.(금) 21:30~21:50(20분간)
요점	장애 발생 원인과 내용의 요점을 정리 (시간별 자세한 진행 상황과 조치 내용은 뒤에서 설명)
상태	해결 완료
중요도	P1
지역	한국 리전
서비스 영향	영향을 준 서비스를 모두 추가
장애 보고 시간	날짜와 시간 입력

장애 해결 시간	날짜와 시간 입력
타임라인 (진행 상황)	날짜 시간 – 자세한 내용 작성 다음과 같이 날짜와 시간대별 진행 내용을 자세하게 기재 필요하면 이미지 파일을 첨부 〈예시〉 2020. 12. 11.(금) 21:30 – 고객사에서 메시지 전송이 제대로 되지 않는다는 메일을 받음 (필요하면 이미지 첨부) 21:32 – 메일 확인 즉시 장애 전파 21:33 – 장애 발생 원인 시간 – 장애 복구 조치 시간 – 장애 해결 방법 시간 – 복구 결과 시간 – 복구 결과 공지
재발 방지 대책	같은 장애가 발생하지 않게 필요한 내용을 자세히 정리
참고	참고할 내용이나 관련 뉴스 링크, 내부 자료 링크 등을 추가

개발자를 위한
글쓰기 가이드

11장

사용자 가이드 작성

사용자 가이드는 시스템, 프로그램 등의 사용법을 설명하는 문서입니다. 예전에는 인쇄물로 배포했으나 최근에는 온라인 가이드로만 제작하는 경우가 대부분입니다. 사용자 가이드는 대상 독자에 따라 구성이 달라집니다. 11장에서는 다양한 종류의 사용자 가이드를 작성하는 방법을 살펴보겠습니다.

59 사용자에게 맞는 가이드 종류를 선택한다

사용자 가이드는 특정 시스템을 사용할 수 있게 도와주는 목적으로 작성한 문서로, 매뉴얼이라고도 합니다. 가이드에는 글뿐 아니라 이해를 돕기 위해 스크린숏을 추가할 때가 많습니다.

사용자 가이드는 테크니컬 라이터가 보통 작성하지만, 테크니컬 라이터가 없는 조직에서는 프로그래머, 기획자, 프로젝트 매니저, 기술 지원 담당자 등이 작성할 때도 많습니다.

다음 예는 Google Earth Studio 가이드입니다. 프로젝트 설정 방법을 쉽게 설명하기 위해 스크린숏을 사용했습니다.

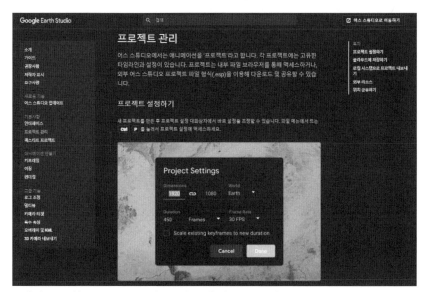

▲ 출처: https://earth.google.com/studio/docs/ko/the-basics/project-management

일반 책을 읽듯이 가이드를 처음부터 끝까지 정독하는 일은 드뭅니다. 보통은 특정 기능을 좀 더 자세히 알고 싶을 때, 문제가 생겼을 때 찾아 읽습니다.

문제를 해결하려고 가이드를 봤는데 무슨 말인지 알 수 없거나 원하는 답이 없다면, 가이드는 무용지물이 됩니다. 내용이 부실한 가이드라면 없는 편이 낫습니다. 가이드가 없으면 웹 사이트에서 찾아보거나 고객 센터에 문의했을 테고, 가이드를 검색하는 시간을 낭비하지 않았을 테니까요.

사용자 가이드에 있어야 할 항목

사용자 가이드가 본연의 역할을 하려면 개념과 사용법, 참고 사항과 사용자가 궁금해할 내용이 모두 있어야 합니다.

다음은 사용자 가이드에 기본으로 포함해야 하는 내용입니다.

- 사용자가 제품을 사용해 할 수 있는 일
- 제품을 사용하기 위해 알아야 할 사전 지식이나 참고 사항
- 업무별 사용 방법
- 실제 사용 예와 샘플 코드
- 추가 내용을 학습할 수 있는 참고 사이트
- 내용을 효율적으로 전달할 수 있는 스크린샷, 다이어그램, 차트 등

사용자 가이드는 목적에 따라 퀵스타트 가이드, 사용법 가이드, 레퍼런스 등으로 세분화할 수 있습니다.

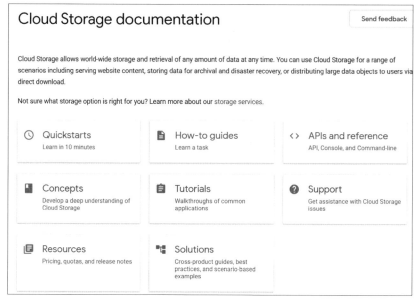

▲ 목적에 따른 사용자 가이드

　다음 절에서는 목적에 따라 사용자 가이드를 어떻게 구성하면 좋을지 살펴

보겠습니다.

60 개념과 목적을 설명하는 개요를 추가한다

사용자 가이드를 작성하는 목적이 제품의 사용법을 쉽게 안내하는 것이다 보니, 사용자 가이드에서 가장 많이 차지하는 내용은 단연 '사용법'입니다. 사용법을 전달하는 데 급급해 앞뒤 설명은 없이 사용법만 설명하는 일이 생깁니다. 하지만 개념이나 배경을 설명하지 않고 사용법만 나열하면 무엇을 얘기하려는 것인지 바로 파악하기 어렵습니다. 따라서 사용법을 설명하기 전에 개요와 사전 준비 사항 등을 충분히 전달해야 합니다.

개요의 필요성

사용자 가이드의 독자는 이전 제품을 이미 써 본 사람, 비슷한 다른 제품을 써 본 사람, 제품을 처음 써 본 사람 등 다양합니다. 때문에 독자마다 이미 알고 있는 지식이 다를 수밖에 없습니다. 따라서 가이드 앞부분에 제품의 정의와 용도를 먼저 알려 주는 '개요'가 있어야 합니다.

개요에서는 서비스 전체를 아우르는 개념과 시스템 구성 등을 소개해야 하므로 서비스 전체를 충분히 알고 있는 사람이 작성해야 합니다.

개요는 다시 문서 개요와 서비스 개요로 나눌 수 있습니다.

문서 개요에서는 사용자 가이드에서 다룰 내용이 무엇인지 소개하고, 제품 개요에서는 사용자 가이드에 다루는 서비스를 소개합니다.

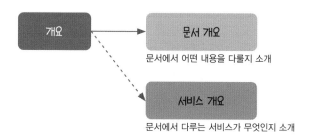

개요

문서 개요
문서에서 어떤 내용을 다룰지 소개

서비스 개요
문서에서 다루는 서비스가 무엇인지 소개

문서 개요와 서비스 개요를 작성하는 방법을 좀 더 자세히 알아보겠습니다.

문서 개요 작성

문서 개요에서는 문서 자체의 기본 정보를 소개합니다. 문서에서 다루는 제품이나 서비스가 무엇인지 알리고 어떤 내용을 설명할지도 안내합니다. 문서의 목표를 명확하게 적고 문서를 읽기 전에 미리 알아야 할 정보가 있다면 자세히 적습니다. 문서가 여러 번 변경됐다면 문서 변경 이력도 추가합니다.

문서 개요에는 다음과 같은 내용을 포함해야 합니다.

- 문서 정의
- 문서 목표
- 문서 독자

- 문서 변경 이력

- 문서에서 사용한 특정 스타일 소개

- 문서 내용 관련 문의처

- 문서 저작권

위 항목 중에 문서가 무엇을 하기 위한 것인지 정의와 목표는 꼭 포함하고 나머지 항목은 필요할 때 추가하면 됩니다. 특히 온라인 문서에서는 좀 더 간략하게 문서 개요를 작성합니다.

문서 개요를 작성한 사례를 몇 개 살펴보겠습니다.

다음은 '동영상 스크립트 작성 가이드'의 문서 개요입니다.

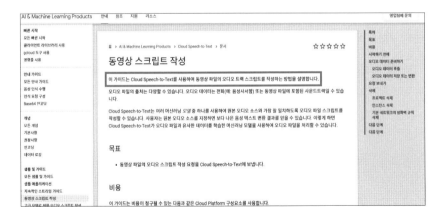

가이드에서 무엇을 설명할지 첫 번째 문장에서 설명하고 가이드의 목표를 명확하게 안내합니다.

다른 예를 보겠습니다.

자습서: 기본 봇 만들기 및 배포

2019. 05. 23. · 읽는 데 12분 · ● ♠

적용 대상: ✅ SDK v4　❌ SDK v3

❶ 이 자습서에서는 Bot Framework SDK를 사용하여 기본 봇을 만들고 Azure에 배포하는 방법을 안내합니다. 이미 기본 봇을 만들어서 로컬로 실행 중인 경우 봇 배포 섹션으로 건너뛰세요.

❷ 이 자습서에서는 다음 작업 방법을 알아봅니다.
　✔ 기본 Echo 봇 만들기
　✔ 로컬로 봇을 실행하고 상호 작용
　✔ 봇 게시

문서 독자의 기술이나 사전 지식 배경이 다양하다면 문서 개요에서 미리 안내하면 좋습니다. ❶과 같이 이미 특정 내용을 알고 있다면 다른 장으로 건너뛰라고 안내하면 좋습니다.

문서 내용이 길다면 위 예의 ❷와 같이 문서에서 살펴볼 내용이 무엇인지 목차를 간단히 추가하는 방법도 좋습니다.

문서 개요를 길게 작성하는 것이 부담스럽다면 한두 줄 정도 간단하게 소개하는 것부터 시작해 보세요. 문서 개요에서 자주 쓰는 다음 표현을 활용하면 좋습니다.

자주 쓰는 문서 개요 형식

이 문서에서는(페이지에서는) ~하는 방법을 알아봅니다.

이 문서에서는(페이지에서는) ~하는 방법을 설명합니다.

다음은 위 형식을 사용해 개요를 만들어 본 예입니다.

> 이 문서에서는 KM 클라우드 대시보드를 사용해 게임 순위표를 만드는 방법을 알아봅니다.

> 이 페이지에서는 KM 클라우드 대시보드를 사용해 게임 순위표를 만드는 방법을 설명합니다.

서비스 개요 사례

서비스 개요에서는 문서에서 다루는 서비스가 무엇인지 소개합니다. 무슨 서비스인지, 어디에 쓰면 되는지, 주요 기능이나 특징이 무엇인지 설명하면 됩니다.

다음 질문에 답을 한다고 생각하고 하나씩 예를 살펴보겠습니다.

- 질문: 무슨 서비스인가? 이 서비스를 한 줄로 요약하면?
- 답변: {서비스 이름}은 ~서비스입니다.

어떤 서비스인지 답할 때는 서비스를 가장 잘 나타내는 키워드 한두 개를 뽑아 활용합니다.

지도 서비스

예를 들어 지도 서비스라면 '이 서비스는 무슨 서비스인가?'라는 질문에 '쉽게 길을 찾는 데 사용할 수 있는 서비스입니다.'와 같이 답하면 됩니다. 정리하면 다음과 같이 한 줄짜리 서비스 개요를 쓸 수 있겠지요.

> KM 지도 서비스를 사용하면 쉽게 길을 찾을 수 있습니다.

그리고 주요 기능이나 특징을 몇 개 추가하면 됩니다.

> KM 지도 서비스를 사용하면 쉽게 길을 찾을 수 있습니다. 자동차, 대중교통, 도보뿐 아니라 자전거 길찾기 기능도 사용할 수 있습니다.

실제 서비스 개요 사례를 좀 더 살펴보겠습니다.

YouTube 스튜디오 도움말의 '소개' 페이지

다음은 YouTube 스튜디오 도움말의 '소개' 페이지입니다.

YouTube 스튜디오 소개

크리에이터 스튜디오 이전 버전은 더 이상 사용할 수 없습니다. YouTube 스튜디오에서 일반적인 작업을 수행하는 방법에 대해 알아보세요.

YouTube 스튜디오 ☑ 는 크리에이터를 위한 새로운 공간입니다. 여기서는 채널을 관리하고 채널 성장에 도움이 되는 유용한 정보를 확인하며 최신 소식을 파악할 수 있습니다. YouTube 스튜디오가 크리에이터 스튜디오 이전 버전을 대신하면서 많은 변화와 새로운 기능이 도입되었습니다. YouTube 스튜디오를 탐색하는 방법을 알아보세요.

▲ YouTube 스튜디오 도움말의 소개 페이지

YouTube 스튜디오에서 무엇을 할 수 있는지 다음과 같이 설명하고 있습니다.

> 채널을 관리하고 유용한 정보를 확인하며 최신 소식을 파악할 수 있습니다.

Microsoft Azure 서비스 중 Event Hubs 서비스 개요

Microsoft Azure 서비스 중 Event Hubs 서비스 예를 하나 더 보겠습니다.

이벤트 허브

Azure Event Hubs는 실시간 분석 공급자 또는 일괄 처리/스토리지 어댑터를 사용하여 데이터를 변환하고 저장할 수 있는 스트리밍 플랫폼이자 이벤트 수집 서비스입니다. Event Hubs를 통해 Azure Monitor 데이터를 스트리밍하여 SIEM 및 모니터링 도구와 통합하세요.

▲ Microsoft Azure 서비스 중 Event Hubs 서비스

Event Hubs 서비스는 스트리밍 플랫폼이자 이벤트 수집 서비스라고 첫 문장에서 정의합니다. '무슨 서비스인가?'에 대한 답을 제시한 것이지요.

Google의 Google Search Console 서비스

Google의 Google Search Console 서비스 예도 살펴보겠습니다.

Search Console 정보

Google Search Console은 Google에서 무료로 제공하는 서비스로, 사용자가 사이트의 Google 검색결과 인지도를 모니터링하고 관리하며 문제를 해결하도록 도와줍니다. Search Console에 가입하지 않아도 Google 검색결과에 포함되지만 Search Console에 가입하면 Google의 입장에서 사이트를 파악하고 개선할 수 있습니다.

▲ Google Search Console 서비스

'Search Console에 가입하면 Google의 입장에서 사이트를 파악하고 개선할 수 있다'라는 설명은 '서비스로 무엇을 할 수 있는가?'에 대한 답입니다.

AWS 서비스 중 Pinpoint 개요

다음은 AWS 서비스 중 Pinpoint 개요입니다. 개요 페이지의 제목 자체가 'Pinpoint가 무엇입니까?'이고, 첫 문단에서 바로 PinPoint가 어떤 서비스이고 PinPoint로 무엇을 할 수 있는지 답합니다.

▲ AWS 서비스 중 Pinpoint 개요

지금까지 사용자 가이드의 개요를 작성하는 방법을 알아보았습니다. 다음 절에서는 사용자 가이드에서 가장 많은 부분을 차지하는 사용법을 작성하는 방법을 살펴봅니다.

61 사용법은 순차적으로 설명한다

제품이나 서비스의 개념과 목적, 가이드를 읽기 위해 기본적으로 알아야 할 내용을 개요에서 설명한 후에는 본격적으로 제품의 사용법을 설명합니다.

기능이 많고 복잡한 서비스라면 한 사람이 모든 기능을 자세히 알기 어려울 수 있습니다. 따라서 사용법은 여러 사람이 나눠 작성할 때가 많습니다. 각 기능을 가장 잘 알고 있는 사람이 사용법을 작성해야 하며, 여러 사람이 나눠 작성해도 어조나 설명 방식을 통일할 수 있게 작성 스타일을 미리 맞춰 놓아야 합니다.

사용법을 쓸 때 중요하게 생각해야 하는 것은 작업 순서입니다. 단계별로 따라 하다 보면 원하는 결과를 얻을 수 있게 내용을 배치해야 합니다.

다음은 휴대폰에서 문자를 보내는 방법을 설명한 예입니다.

예문 **휴대폰에서 문자 보내는 방법**

> **보내기** 버튼을 누르면 문자를 보낼 수 있습니다.
> 그 전에 먼저 문자를 입력해야 합니다.
> 물론 문자 받을 사람도 지정해야 합니다.

예문을 다 읽으면 문자를 어떻게 보내야 하는지 알 수 있습니다. 하지만 작업 흐름과는 맞지 않아 사용자가 차례대로 따라 해서는 문자를 보내기 어렵습니다.

사용법을 설명할 때는 작업 흐름에 맞게 다음과 같이 설명해야 합니다.

> **수정안** 휴대폰에서 문자 보내는 방법
>
> 1. 보낼 문자를 입력합니다.
> 2. **받는 사람**에 문자를 받을 사람을 지정합니다.
> 3. **보내기** 버튼을 클릭합니다.

62 퀵스타트 가이드로 제품과 빠르게 친숙해지게 한다

퀵스타트 가이드는 제품이나 서비스를 처음 접하는 사람이 빠르게 기능을 익힐 수 있게 만든 짧은 문서입니다. 보통 꼭 필요한 기본 정보와 주요 사용법을 그림과 함께 설명합니다.

퀵스타트 가이드는 얇은 책자, 한 페이지 요약본, 비디오 가이드 등 다양한 형태로 만들 수 있습니다.

다음은 YouTube Studio를 사용해 동영상을 만드는 방법을 설명한 비디오 가이드의 예입니다.

▲ YouTube 고객센터 〉 동영상 업로드 (출처: https://bit.ly/3sxBEAb)

다음은 Microsoft Teams의 빠른 시작 가이드(퀵스타트 가이드) PDF 파일의 첫 페이지입니다. 기본 구성과 기능을 빠르게 확인할 수 있게 구성했습니다.

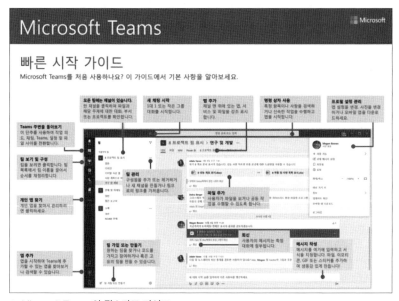

▲ Microsoft Teams의 퀵스타트 가이드

복잡한 기능으로 구성된 제품일수록 퀵스타트 가이드가 필요합니다. 매뉴얼이 몇 백 페이지가 될 수 있기 때문이고, 두꺼운 매뉴얼은 읽기도 어려울 뿐더러 싫기 마련이니까요.

제품과 빠르게 친숙해질 수 있게 하는 것이 목적이므로, 어려워 보이지 않게 구성해야 합니다.

전체 화면 구성부터 소개하고 주요 사용법을 뽑아 쉽게 설명합니다.

구체적으로 사례를 제시한 후 작업을 완료할 수 있게 처음부터 끝까지 단계별step-by-step로 따라하도록 문서를 구성하면 좋습니다.

'사용법' 가이드에서도 특정 기능이나 과제를 수행하는 방법을 순서대로 설명하는 것은 비슷합니다. 퀵스타트 가이드에서는 상황을 좀 더 구체화해서 사례를 제시하는 점이 조금 다릅니다. 그리고 훨씬 직관적으로 이해할 수 있게 스크린숏을 단계별로 제시하는 경우도 많습니다.

퀵스타트 가이드는 제품에 익숙하지 않은 사용자를 대상으로 하므로 설명 방법도 더 자세해야 합니다.

사용법에서는 받는 사람이나 문자 입력 스크린숏을 생략했지만, 퀵스타트 가이드에서는 단계별 결과물을 확인할 수 있게 스크린숏을 추가했습니다. 설명할 때도 막연히 '문자를 입력합니다'와 같이 일반적인 지침이 아니라 ' '안녕하세요를 입력해 보내 본다'라는 구체적인 과제를 설정해야 더 와닿습니다. 프로그래밍을 처음 배울 때 'Hello, World!'를 출력하는 예제를 따라 했던 것을 떠올리시면 됩니다.

퀵스타트 가이드의 과제를 구성할 때는 빠르게 결과를 얻거나 확인할 수 있는 것으로 선정해야 하며 자세한 배경 정보는 일단 생략하고 과제를 일단 달성할 수 있는 방법을 설명합니다. 라면을 끓이는 방법을 배우기 위해 끓는 물에 면이 익는 원리까지 이해할 필요는 없습니다.

처음 사용자의 입장에서 매번 생각해야 하기 때문에 이미 기능에 익숙해진 기획자, 개발자, 매니저 등은 오히려 작성하기 어렵기도 합니다. 퀵스타트 가이드는 전문가보다는 제품에 익숙하지 않은 사용자가 직접 배워 가면서 작성하는 것이 더 나을 때도 있습니다.

다음은 Microsoft 웹용 Excel의 빠른 시작 가이드 중 단계별로 절차를 설명한 예입니다. '통합 문서 공유'라는 작업을 주제로 삼아 순서대로 따라 하면 작업을 완료할 수 있게 구성합니다. 이때도 스크린숏을 추가해 직관적으로 확인할 수 있게 구성했습니다.

통합 문서 공유

1. **공유**를 선택합니다.

2. 사용 권한을 설정합니다.

   편집 허용이 자동으로 선택됩니다. 파일을 편집
   할 수 없고 볼 수만 있는 권한을 부여하려면 선택
   을 취소합니다.

   적용을 선택합니다.

3. 공유하려는 사용자의 이름 또는 전자 메일 주소
   를 입력합니다.

4. 메시지를 추가합니다(선택 사항).

5. **보내기**를 선택합니다.

   또는 **링크 복사**를 선택하여 파일에 대한 링크를
   가져옵니다.

▲ 웹용 Excel을 사용하여 공유 및 공동 작업(출처: support.microsoft.com)

퀵스타트 가이드에 모든 기능의 설명을 담을 수 없으므로 퀵스타트만 제공
하는 일은 거의 없고 매뉴얼도 함께 제공합니다. 퀵스타트 가이드에서 기본 내
용을 익힌 뒤 더 자세한 내용은 매뉴얼을 참고할 수 있게 안내하면 좋습니다.

퀵스타트 가이드 작성법 정리

- 빠르게 결과를 확인할 수 있게 합니다. 초보자를 위한 코딩 강좌 첫 번째 과제가 화면에 'Hello, world.'를 출력하는 것을 생각하면 됩니다. 쉽고 간단하면서 결과를 빨리 확인할 수 있는 내용을 앞부분에서 소개하면 좋습니다.

- 복잡한 개념이나 구조 설명은 생략합니다.

- 내용은 물론이고 용어도 쉽게 풀어 써야 합니다.

- 문서를 모두 작성한 후에는 반드시 문서를 테스트합니다. 다 아는 사람이 초보자인 척하고 테스트해서는 부족한 설명이 무엇인지 찾아내기 힘듭니다. 퀵스타트 가이드를 읽을 독자와 같은 기술 지식을 지닌 테스터를 찾아 어려운 설명은 없는지 부족한 내용은 없는지 등을 테스트합니다.

참고 자료

[도서]

– 바바라 민토, "바바라 민토 논리의 기술", 더난출판사, 2019

– 이희재, "번역의 탄생", 교양인, 2009

– 정희모, 이재성, "글쓰기의 전략", 들녘, 2005

– 조셉 윌리엄스, 그레고리 콜럼, "논증의 탄생", 홍문관, 2008

– Alan S. Pringle, "Technical Writing 101"(3rd ed.), Scriptorium Publishing Services, Inc, 2009

– Carolyn Rude, Angela Eaton, "Technical Editing"(5th ed.), Pearson, 2010

– Gerald J. Alred et al, "The Handbook of Technical Writing"(11th ed.), Bedford/St. Martin's, 2015

– Kieran Morgan, "Technical Writing Process", Better on Paper Publications, 2015

– Krista Van Laan, "The Insider's Guide to Technical Writing", XML Press, 2012

– Michelle Carey et al, "Developing Quality Technical Information", IBM Press, 2014

– Mike Markel et al, "Technical Communication", Bedford/St. Martin's, 2017

– Natasha Terk, "Effective Email", Write It Well, 2014

– Patrick G Riley, "The One-Page Proposal", Harper Business, 2002

– Sun Technical Publications, "Read Me First! A Style Guide for the Computer Industry", Prentice Hall, 2009

– The University of Chicago Press Editorial Staff, "The Chicago Manual of Style", University of Chicago Press, 2017

– Torrey Podmajersky, "Strategic Writing for UX", O'Reilly Media, 2019

– William Strunk Jr. et al, "The Elements of Style", Pearson, 1999

[웹 사이트]

– 국립국어원: https://www.korean.go.kr

– I'd Rather Be Writing: https://idratherbewriting.com

– Microsoft Style Guide | Microsoft Docs: https://docs.microsoft.com/en-us/style-guidewelcome

– Society for Technical Communication: https://www.stc.org

– Technical Writing | Google Developer: https://developers.google.com/tech-writing